キャリアアップを
目指す教師のための

ビジネス日本語

教え方&働き方ガイド

小山暁子・武田聡子・長崎清美
特定非営利活動法人　日本語教育研究所

アルク

はじめに

　私たち3人は、ある企業の研修をきっかけに一緒に仕事をするようになりました。それまでのバックグラウンドはずいぶん違っていましたが、それぞれの強みを生かして、大きな研修を無事に終えることができました。その後も、それぞれが数多くの研修に、コーディネーターとして、また講師として関わってきました。こうした経験で得たことを多くの人に伝えたいと思ってきましたが、ビジネス日本語が多様であるがゆえに、セミナーなどで皆さんのお話を聞きながらアドバイスすることはできても、「ビジネス日本語の教え方」のような形で一つにまとめるのは難しいと感じていました。

　しかし、今回、書籍化のお話をいただき、出版社の方とのディスカッションを通して、2部構成で私たちの長年の夢を形にすることができました。
　「基礎編」には、どんな人を教えるときにも私たちが大切にしている、いわゆるキモになることを記しました。しかし、これだけでは、実際にどう教えているのかのイメージが湧きにくいと考え、「実践編」として、私たちが実際に企業などから依頼を受け作成したコースデザインや授業例を載せました。本書の中で繰り返し述べているように、ビジネス日本語の基本は目の前の学習者に合わせて臨機応変にカスタマイズすることですから、これらの例がそのまま使えるということはないでしょう。しかし、いろいろな例をインプットしておくことは、似通った依頼を受けたときの一助になるのではないかと思います。そして、「実践編」の最後では、「ビジネス日本語教師の働き方」について紹介しています。ビジネス日本語を学ぶ人が多様であることと同じように、私たち教師の働き方もさまざまです。皆さんが今後のキャリアを考える際のヒントになれば幸いです。
　まずは、本書が、新しい一歩を踏み出す皆さんの背中を押してくれるものになればと願っています。

　最後に、私たちに多くの気付きを与えてくれた企業の方々や受講者の方々、苦楽を共にしてきた同僚や日本語教師の仲間たち、そして、私たちの思いを形にするお手伝いをしてくださったすべての皆様にお礼を申し上げます。

小山　暁子

武田　聡子

長崎　清美

CONTENTS

3　ビジネス日本語レッスン

4　ビジネス日本語研修の評価

5　ビジネス日本語教材

【実践編】

1 ビジネス日本語のコースデザイン

2 ビジネス日本語の指導内容

ビジネス日本語とは

　「ビジネス日本語」と聞いて、どんな日本語を思い浮かべますか。たとえば、皆さんが「ビジネス日本語を教えてほしい」と言われたら、何を教えますか。「敬語」「電話の会話」「メールの書き方」などでしょうか。もちろん、こうしたスキルは、仕事を進める上で必要なものです。しかし、仕事の種類によって、敬語をどの程度使うのか、どんなメールを作成するのか、電話を取る必要があるのかなど、必要なスキルは違ってきます。「ビジネス日本語」をどう定義するのかは、教える相手によっても違ってきます。

　仕事のために日本語を学ぶ人たちは、日本語の専門家になろうとしているわけではありません。日本語は、彼らにとって自分の仕事を成功させるための「道具」です。では、どんな道具があればいいのでしょうか。多くの人が、持っていて便利だと思える道具とはどんなものでしょうか。筆者らは、ここでビジネス日本語を「**いい人間関係を築くための日本語**」と考えたいと思います。仕事の種類にもよりますが、日本人と仕事をする時、多くの場合、チームを組んだり、プロジェクトのメンバーとして動いたりすることになります。皆さんも、仕事や生活をしていく中で、人間関係がぎくしゃくしていたために、すべてがうまく進まなくなったという経験があるのではないでしょうか。反対に人間関係がうまくいっていると、わからないことや困ったことがあっても、コミュニケーションが取りやすく、物事がうまく進んだり、ミスを防げたりしたということもあったと思います。

　これから就職する人たちのことも考えてみましょう。学校などで、学生の就職サポートをしている人は、「テストの点はいいのに、なかなか就職が決まらない学生」と、「日本語の面では今一つなのに、早々に内定を取ってきた学生」を目にすることがあるのではないでしょうか。その違いは、面接官と「**いい人間関係**」が作れたかどうかがポイントになっているように思うことがあります。

私たち日本語教師は、ビジネス日本語といえば当たり前のように、まず「敬語」を教えることを考えます。私たちは、お客様や上司に、「敬語」というシステムを使って、「私とあなたは立場が違う、私はあなたのことを大切に思っているのだ」ということを伝えています。その気持ちを伝えるということは、つまり、「あなたといい関係を作りたい」と伝えていることと同じなのではないでしょうか。

　ここまで読んで、「いやいや、『ビジネス日本語』を教えるとなったら、やはり、学習者の専門に関する言葉なども教えなければ」と考える人もいると思います。学習者の専門分野について日本語教師はどの程度知っておくべきなのでしょうか。「知らないより知っておいた方がいい」ことは明らかです。その業界がどんな問題に直面しているのかなどにも、日ごろからアンテナを張っておく必要もあります。しかしながら、私たち日本語教師が、その業界で使われている専門用語などを付け焼き刃で慌てて勉強して、それを授業の中で「教える」のは、ちょっと無理があると思います。その情報は本当に正しいものなのでしょうか。また、さらに深く学習者に質問された時、答えられるものなのでしょうか。なかなか答えが得られないと、学習者は教師に不信感を抱いてしまうかもしれません。

　ここで「いい人間関係」があれば、学習者は専門のことについては、正しい知識を与えてくれる人に聞くことができるわけです。それは、職場の同僚、先輩、上司、あるいは取引先の人かもしれません。
　筆者らは、常々、日本語教師は親切過ぎるのではないかと思っています。目の前の学習者が困っていること、知りたいことをすべて教えてあげようと思っている人が多いのではないでしょうか。そんなに一人でがんばるのはやめましょう。専門のことは専門の人に任せましょう。私たち日本語教師にできるサポートは、どんな日本語で質問したり相談したりすればいいのかを教えることだと思います。それに、日本語研修は永久に続くものではありません。すべてを日本語教師が教えてしまうことは、学習者が自分自身で考え成長する機会、また、

同僚や上司とつながるチャンスを阻害することになっているかもしれないのです。日本語教師は、学習者が早く自分自身で問題解決ができるように導いていくことも頭に置いておかなければならないと思います。

　本書では「ビジネス日本語」を**「いい人間関係を築くための日本語」**と考えたいと述べたのは、このような考え方からです。

　最後に、本書での「教師」という呼び方についても触れておきたいと思います。筆者らは通常、自分たちのことを「教師」ではなく、「ビジネス日本語講師」と呼んでいます。「教師」という言葉は学校の先生を連想させ、そこに上下関係を感じるからです。また、ビジネス日本語を学ぶ人のことも「学生」ではなく、「受講者」（あるいは「学習者」）と呼んでいます。ビジネス日本語を学ぶ人たちと常に対等な立場でありたいと思う気持ちがあるからです。しかしながら、「ビジネス日本語講師」という言葉があまり一般的ではないことから、ここでは、本書が多くの方に届くようにと願って、便宜上、「ビジネス日本語教師」と呼んでいます。

　「ビジネス日本語」「ビジネス日本語教師」については、さまざまな定義や解釈がなされていますが、本書は、筆者らが長年にわたり多くの研修やレッスンを通して得た知見をもとに、記していきたいと思います。

基礎編

1 ビジネス日本語の現状と特徴

近年、ビジネス日本語の需要が高まっていると言われています。では、どのような人たちが、どのような目的でビジネス日本語を学んでいるのでしょうか。また、ビジネス日本語の特徴とはどんなものでしょうか。この章では、ビジネス日本語とは、「誰に」「誰が」「どうやって」「どこで」「いつ、どのくらい」「何を」教えるのか、留学生に対する日本語教育と比較しながら見ていきましょう。「企業の視点」という重要なポイントも紹介します。

1 外国人を採用する企業

近年、外国人を採用する企業が増えています。その主な理由は以下の三つだと考えられます。

(1) ブリッジ人材としての採用

海外に進出したい、拠点を置きたいと思っている企業にとって、その国の言語ができる社員を雇うことは大変心強いことです。また、その国出身の人であれば、言語だけでなく、その国の人たちの考え方などもよくわかり、仕事を進める上でプラスの情報を得られるでしょう。

こうした人材はブリッジ人材と呼ばれます。ブリッジ人材には、調査や交渉などの場で、日本側と現地の双方の意図することを正しく理解できるだけの高いレベルの日本語力や双方の文化への理解などが求められます。そのため、日本で生活経験のある留学生などを積極的に採用している企業もあります。

② インバウンドへの対応としての採用

コロナ禍で一時的に大きな影響を受けてしまいましたが、それまで、日本にやってくる外国人観光客の数は伸び続けていました。こうした外国人観光客への対応ができる人材として、ホテルやレストランなどのホスピタリティ業界、またドラッグストアや家電量販店をはじめとする小売業で、多くの外国人が採用されました。自分の国の言葉だけでなく、2カ国語、3カ国語での対応が可能という外国籍社員が活躍しているのを、皆さんのまわりでも目にすることがあると思います。

③ 社内活性化のための採用

「国籍は関係ない、能力があれば採用する」という企業も増えています。海外との取り引きが特になくても、社内に新しい風を取り込むことで、日本人社員にいい影響があると考えている企業も多いようです。

このような場合、① や ② の例と違って、日本語能力は問わないという企業も多いようです。まず、優秀な人材を確保し、その後、日本語研修を提供し仕事に必要な日本語力を身に付けてもらおうという考え方です。

また、近年、IT企業や大手電機メーカーなどで、「社内公用語を英語とする」という話を聞いたことがあると思います。こうした企業では、日本語研修のニーズはないのでしょうか。そんなことはありません。社内では英語ですべてが事足りても、日本で「楽しく生活する」ためには、日本語ができたほうがいいことがたくさんあります。日本での生活が楽しくなければ、優秀な人材は、すぐに別の国に行ってしまうかもしれません。優秀な人材のリテンション施策^{注)}の一つとして、日本語研修が役に立っています。

このように、理由はさまざまですが、日本の労働人口の減少を考えれば、今

注）　人材の流出を防ぎ、優秀な社員を企業内にとどめておくための施策

後さらに外国人材の力が必要になるのは当然の流れと言えるでしょう。

　こうした動きを背景として、「ビジネス日本語を教えてほしい」という企業が増えているのです。そのため「ビジネス日本語を勉強したい」と考える学習者も増え、それに伴って「ビジネス日本語の教え方を勉強したい」という日本語教師も増えていることを実感しています。

② ビジネス日本語の特徴

　ビジネス日本語とはどんなものなのか、その特徴を探るために、日本語学校の留学生に対する日本語教育と比較して考えてみましょう。

(1) 誰に教えるのか

日本語学校の留学生	ビジネス日本語レッスンの受講者
立場：学生 居住地：国内（首都圏、地方）	立場：就労者とその家族、内定者、就職希望者 職種：営業職、技術職、事務職…… 職位：新入社員、中堅社員、管理職、エグゼクティブ…… 職場：事務所、工場、研究室…… 居住地：国内（首都圏、地方）、海外

　福利厚生タイプの研修の場合は、その企業の社員だけでなく、社員の家族も受講者となる場合があります。（基礎編3　p.33 参照）

(2) 誰が教えるのか

日本語学校の留学生	ビジネス日本語レッスンの受講者
日本語学校の専任講師 日本語学校の非常勤講師	日本語学校、専門学校などの教育機関の講師 教師派遣機関の登録教師 フリーランスの教師（実践編3　p.150参照）

　日本語学校などが、ビジネスパーソンへのレッスンを受注したり、予備教育

としてのビジネス日本語を教えたりすることもあります。

③ どうやって教えるのか

日本語学校	ビジネス日本語
対面集合スタイル オンライン会議システム （コロナ禍での導入）	対面集合スタイル オンライン会議システム eラーニング ビデオ視聴　　など ※上記を組み合わせた形

　コロナ禍を経て、学校でもオンライン会議システムを利用した授業が導入されましたが、ビジネス日本語では、以前から、来日前の内定者への研修などでオンライン会議システムやSkypeなどのインターネット通話ソフトウェアを使った研修が行われていました。現在もこうしたツールを使って、数カ国の拠点を結んだ研修を実施しています。

　どんなシステムを使うのかは、研修ごとに違います。いくつかの選択肢がある場合もありますが、企業研修では、セキュリティなどの観点から企業がシステムを指定することが多いです。

④ どこで教えるのか

日本語学校	ビジネス日本語
教室	派遣・出張型：研修センター、会議室、応接室、 　　　　　　　　オープンスペース、受講者の自宅 通学型：研修実施者が用意した場所

　受講者にとっては、自社で受講する方が便利なように思われますが、仕事が忙しいと遅刻や欠席が増えてしまったり、研修中でも呼び出されたりすることがあるので、仕事との切り替えをするために通学型を好む場合もあります。

　どこでどうやって教えるのかによって、研修で使用できる機材なども違ってきますので、こうした条件は、コースデザイン（実践編1　p.64参照）をする

際の重要なポイントとなります。

　最近では、日本語教育の専門性を持った社員が、自社で日本語を教えるというケース（企業内日本語教師）もあります。

⑤ いつ、どのくらい教えるのか

　オンライン会議システムなどを使えば、世界中の人が受講可能となります。教師も世界のどこからでも教えることができますので、授業はまさに24時間対応可能となります。たとえば、海外に住んでいる日本語教師が、時差を利用して受講者の希望時間にうまく対応できることもあります。対面の場合も、就業前、就業時間内、昼休み、就業後とさまざまなケースがあります。自宅で教える場合などは週末を希望する人も多いでしょう。

　受講期間や頻度もさまざまです。新入社員研修などは、1カ月程度から数カ月の間、毎日行われる場合もあります。また、期限を定めず何年も学び続けている人もいますし、ある特定のスキルについての1日研修というものもあります。すでに働いている人の場合は、週に1、2回が一般的です。

　1日の授業時間は、オンラインであれば30分という短い時間の場合もありますし、就業時間をフルに使って1日8時間を研修に充てるタイプもあります。

⑥ 何を教えるのか

　ここまで述べたことから、「ビジネス日本語」の多様性がおわかりになったと思います。

　では、これらを踏まえ、受講者に何を教えるのか、ちょっと想像してみてください。①で挙げた「誰に」を例に考えてみましょう。まず、職種別です。

営業職	例) 敬語、客先でのプレゼンテーション、プレゼンテーション資料作成……
技術職	例) 社内会議でのプレゼンテーション、仕様書の理解、業務の進捗報告……
事務職	例) 電話応対、社内メール作成、情報共有……

営業職であれば、お客様とのやりとりが必要なので、「敬語」をきちんと教える必要がありそうです。客先でプレゼンテーションをすることもあるでしょうから、スライドや配付資料などの作成も必要になるかもしれません。技術職の人は、社内でのコミュニケーションが中心になるでしょう。社内の打ち合わせに出席して、プレゼンテーションをしたり、仕様書を読んで理解したりする必要もあります。事務職の人は、電話でのやりとり、書類の作成などを日常的にする必要がありそうです。

次に、職位別に考えてみましょう。

新入社員	例）社会人らしい話し方、日本のビジネスマナー……
管理職	例）相手に合わせた話し方（取引先や上司、部下に対して）……
エグゼクティブ	例）公の場にふさわしい丁寧な言葉遣い、スピーチ、乾杯のあいさつ……

新入社員であれば、学生時代に使っていた言葉とは異なる社会人らしい話し方や、名刺交換、席次などのビジネスマナーの知識が必要になるかもしれません。管理職になれば、丁寧な言葉を使うだけでなく、部下に対する話し方など、相手に合わせた言葉の使い分けも知っておいた方がいいでしょう。エグゼクティブと呼ばれる人たちは、取引先やお客様とのやりとりが多くなるでしょうから、立場にふさわしい丁寧な言葉遣いが求められます。秘書がいるので仕事の面では日本語はまったく必要ない、という人も多いと思いますが、パーティーなどでは、日本人受けするスピーチをしたいと思っている人もいます。こういった場合、自分自身の日本語レベルに関係なく、エグゼクティブには言いたいことがあります。そんな時には、「この表現は難し過ぎるから教えるべきではない」と考えるのではなく、必要な表現はすぐに教えるといった対応が求められます。

最後に、職場による違いです。職場によって特有の言葉が使われていることがあります。それぞれの仕事に必要な専門用語だけでなく、あいさつ表現なども職場によって異なることが多いようです。また、たとえば、工場などでは、掲示物などに「止まれ」「触るな」のような命令形や禁止形が使われているのを目にすることがあります。こうした言葉は、受講者自身が使う場面はなくても

理解しておく必要があります。地方で働いている人であれば、方言の問題が考えられます。方言が理解できないと仕事が進まない、いつまでもよそ者扱いされてしまい、なかなかコミュニティに入れないということもあるかもしれません。

　「何」を教えるのかは、(1)～(5)のような条件によっても違ってくることが想像できると思います。

　ここで挙げたことや、皆さんがいろいろ想像なさったことは、「正解」かもしれないし、「不正解」かもしれません。(3)で見ていきましょう。

(3) 企業の視点

　ビジネス日本語を教える時に大切なことは、こちらが何を教えたいかではなく、**企業が「何を学ばせたい」と思っているか、という企業の視点**です。

　日本語教師はとても親切な人が多いというのは最初にも述べましたが、目の前の学習者が困らないように、「これを知っておけば便利なのでは？」「以前教えた○○さんと同じ仕事だから、きっとこれが役に立つはず！」などと、勝手に教える内容を決めてしまうことはないでしょうか。先ほど、「技術職の人は、社内でのコミュニケーションが中心になるでしょう。社内の打ち合わせに出席して、プレゼンテーションをしたり、仕様書を読んで理解したりする必要もあります」と書きましたが、これはあくまでも筆者の想像です。経験をもとに、ある程度予測をしておくことは重要ですが、実際に、どんな日本語を必要としているのかは、案件（研修）ごとに、研修担当者にニーズ調査をして決めなければなりません。

　また、ビジネス日本語を教える時には、「予算」について考えることも重要です。学習者自身がお金を払う場合は、その学習者の満足度が大切ですから、学習者自身が学びたいことを教えることになります。企業がお金を払う場合は、そのお金がどんな予算から出ているものなのかも考えてみましょう。研修費か

福利厚生費か、という点です（基礎編3　p.31〜参照）。

　研修費の場合は、企業の満足度がポイントになり、企業と約束をした日本語レベルに到達させることが重要です。一方で、福利厚生費であれば社員の生活向上のためのサービスの一つということになりますので、受講者の満足度がポイントになります。企業が実施する日本語研修では、多くの場合、研修担当窓口となっている部署が、受講者に対して講師や研修についての評価（フィードバック）を実施します。この結果が研修を継続するかどうかの決め手になることも少なくありません。

　このように、ビジネス日本語で「何」を教えるかを考える時、また研修を成功させるためには、**企業の視点**がポイントとなります。

大人の事情〜クラス分け〜

　韓国の大手電機メーカーの研修を請け負った時のことです。事前のインタビューでは、積極的に話していたのに、クラスではなかなか口を開かない人がいるのです。指名をすれば正しい答えが言えるのに、どこか遠慮がちです。なぜなのだろうと個別に話を聞いてみると、同じクラスに上司がいるというのです。この研修は、さまざまな役職の人たちが数カ月一緒に日本で研修を受けるというものでした。韓国の上下関係の厳しさは知ってはいたものの、このような場面にも影響があるのだとは考えていませんでした。その後、上司である受講者と相談をし、上の立場の人から受講者全員に、研修受講中は上下関係を気にせず同じ学習者として学ぼうという話をしてもらいました。この話のあと、控えめだった受講者たちが積極的になり、上司とのロールプレイでも冗談交じりの会話を作るようになりました。研修終了後、その会社の招待で韓国に行ったのですが、歓迎会の場にいた元受講者たちは、しっかりと元通りの上下関係に戻っていました。大人の研修では、さまざまな要因が学習に影響を与えることを感じた経験でした。

2 ビジネス日本語教師とは

この章では、多様なビジネス日本語のニーズに応える教師に求められる力について考えてみましょう。ビジネス日本語を学ぶ人と同じように、ビジネス日本語を教える人もさまざまです。皆さんのバックグラウンドをどう生かしていくのか、自分の強みと注意しなければならない点を知り、選ばれる教師になりましょう。

① ビジネス日本語教師に求められる力

（1）受講者の日本語力、受講者と企業のニーズを 的確に捉える能力

ビジネス日本語を学ぶ人たちの日本語力はさまざまです。学校でゼロから積み上げて勉強した経験がない人も多いので、仕事の専門用語はよく知っているのに、日常の簡単な言葉を知らない人や、日本人がよく使う表現などを使って自然なやりとりができるのに、実は読み書きがほとんどできないという人もいます。また、素晴らしい文章が書けるのに、実際に会ってみるとほとんど話せないという人もいます。このような四技能のレベルがバラバラな学習者の日本語力を正しく見極める必要があります。

レベルチェックをするためには、どんな調査をすればいいのか、どんな質問の仕方がいいのか、その結果をどう判断すればいいのかを考えて実施する特別なスキルが必要とされます。

また、受講者と企業のニーズを的確に捉える力が必要です。受講者は、今後のキャリアプランが見えていないと、目の前の困っていることだけを「ニーズ」

と考えてしまうことがあります。しかし、企業には、将来この社員にこんなふうになってほしいというキャリアプランがあるはずです。この点が受講者に伝わっていないと、受講者の語るニーズは非常に短期的なものになりがちです。たとえば、ある建設会社の研修で、敬語を中心にしたプログラムを依頼され実施したところ、受講者から「今の職場では誰も敬語は使っていない。もっと普通の会話が勉強したい」と言われたことがあります。実は、企業は外国籍社員に今後、対外的な仕事をしてもらいたいと思っていたので、敬語の学習をさせたかったのですが、こうしたキャリアプランが受講者には伝わっていなかったため、このような声が上がってしまったというわけです。

　次に、企業のニーズについてですが、企業の担当者のほとんどは、日本語教育について深い知識があるわけではありません。そのため、「今よりもっと日本語が上手になってほしい」のように、非常に漠然とした目標を提示してくることがあります。こうした目標を、「何が」「どのぐらい」上手になってほしいのか、質問しながら明確化していく必要があります。

(2) 日本語力とニーズに対応したコースデザインができる力

　(1)を踏まえて、研修ごとにコースを作ることになります。この時、単純に依頼元が目指す日本語力に到達するためのコースを作ればいいというわけではありません。企業研修には、常に「期間」「予算」などの縛りがあります。このような縛り（条件）の中で、どんなコースを提案できるのか、考える力が求められます。

　もちろん、こうした縛りのない研修もあり、受講者や企業が特に終わりを決めずに、望む限り日本語研修を続けられるという場合もあります。それでも、ただ漫然と日本語研修を続けていくより、小さな目標を作ってそれを達成したら次の目標をと意識していったほうが、学習継続のモチベーションは上がるでしょう。

③ コミュニケーション力

　企業研修では、企業への報告が求められる場合が多いです（基礎編4　p.45
参照）。受講者とだけではなく、企業の担当者とのやりとりも、仕事をうまく
進める上でのポイントとなります。「教師」という仕事を長く続けていると、「先
生、先生」という魔法の言葉に慣れてしまい、自分の立場を勘違いしてしまう
ことはないでしょうか。企業担当者にとって、皆さんは「先生」ではなく、単
なるビジネスの相手です。その企業に出入りする多くの取引先の一つでしかあ
りません。この本の最初に「ビジネス日本語」は「いい人間関係を築くための
日本語」と述べましたが、日本語教師自身が、大切なお客様である企業の担当
者と「いい人間関係を築く」ことが仕事（研修）を成功させるために重要であ
ることは言うまでもありません。

　また、研修を担当すると、受講者からも、企業担当者からもいろいろな話を
聞き、その板挟みのようになってしまうこともあります。たとえば、①で述
べたような、受講者と企業との双方の考え方の違いに気づいた時は、受講者と
企業をつなぐ役割を担うことになります。どちらかの肩を持つのではなく、企
業担当者に受講者の要望について相談し、日本語教育のプロとして、必要に応
じて助言もし、問題解決を図りましょう。

④ 教材作成や報告業務などに必要な
　コンピューターリテラシー

　日本語教師は、企業にとっては「一取引先」です。研修の依頼を受けた際、
研修担当者などの前で、コースの内容や特徴、また費用などを説明する、いわ
ゆる営業プレゼンテーションをすることがあります。内容が良くても「見せ方」
が良くないために、結局、研修の良さが伝わらないということにならないよう
にしたいものです。

　また、研修がスタートした後も、企業が決めた形式で、使用する教材の作成
や、報告書の提出が求められることがあります。その提出の仕方もデータをメー

ルで送るのではなく、所定のクラウド^注を使って行うという場合もあります。こうした作業にまごついていると、せっかくいい研修をしていても「取引先」として仕事がスムーズに進まないことが、研修の評価を低くしてしまうことにつながる可能性もあります。

　昨今、オンライン会議システムを使った授業が広まってきています。対面授業の時はとてもいい授業ができていたのに、オンラインになると、パソコンやアプリの操作に手間取ってしまい、評価が低くなってしまう人がいます。とても残念です。

　ビジネス日本語を教える教師には、コンピューターリテラシーが欠かせません。デジタルに苦手意識のある人もいると思いますが、少しずつでも挑戦してみてください。こうしたスキルを身に付けることが、皆さんの仕事の幅を広げることにもつながります。

⑤ 日本語指導力

　皆さんの中には、「ビジネス日本語」の「ビジネス」の部分に重きを置き過ぎてしまい、「日本語」を忘れている人はいませんか。日本語教師は、日本語を教える力がなければ話になりません。ビジネス日本語を学ぶ人たちは、学生に比べて、自分たちの大切な時間とお金を使って勉強しているという意識が強いです。自分の質問に答えてくれない教師と過ごすことは、時間の無駄だと考えます。学習者との信頼関係を崩さないためにも、日本語を教える力を常に磨いておくことが重要です。

⑥ 一般常識

　ビジネス日本語で教える相手は「大人」です。雑談やディスカッションをする際、一社会人として対応できるよう、満遍なく、社会の動きには常にアンテ

注）　インターネットなどのネットワーク経由でユーザーにサービスを提供する形態、クラウドコンピューティング

ナを張っておきましょう。依頼元の企業が取り上げられているニュースだけでなく、競合企業や業界の話題などにもアンテナを張り巡らせておくことが大切です。日本語を教える力があっても、「そんなことも知らないのか」と思われてしまうと、日本語の指導力にも疑問を持たれてしまいます。

(7) 柔軟性と臨機応変さ

多様なビジネス日本語のニーズに対応するには、教師自身の「柔軟性」や「臨機応変さ」も重要です。自分自身の経験はとても貴重なものですが、経験だけに頼り過ぎるのは危険です。「エンジニア」といっても、企業によって仕事の内容が違い、求められている日本語も違うかもしれません。また、テキストの中の用語などを「うちの企業ではこういう言い方はしない」と言われたら、どうしますか。テキストに載っているものだからという理由で、そのまま練習を続ける人はいないはずです。「では、○○さんの企業ではどう言うのですか」と質問して、教えてもらった言い方で練習するようにしましょう。

ビジネス日本語に携わる人が常に忘れてはならないのは「企業の視点」です。自分の思い込みを捨て、目の前の企業や受講者のニーズに向き合いましょう。ニーズを正しく聞き出すためにも、教師自身が、受講者や企業担当者とコミュニケーションを取ろうとする姿勢が重要です。

2 自分の個性の生かし方

(1) 自分自身のバックグラウンドをどう生かすか

皆さんの中には、長い間企業で働いた経験があり、その経験を生かしてビジネス日本語を教えようとしている人や、日本語学校などで働いていたけれども、もう少し仕事の幅を広げるために、ビジネス日本語を教えてみたいと思っている人など、さまざまな思いを抱えている人がいると思います。こうしたバック

グラウンドは、皆さんの強みであるはずですが、使い方を一歩間違えると落とし穴にはまってしまうかもしれません。

企業で働いていた経験のある人

　企業で働いた経験は、受講者の置かれている立場を理解する時に、非常に役に立つものだと思います。特に、テキストの中によく登場する「訪問の会話」「電話の会話」「会議」「歓迎会」などのシーンは、実際に経験しているかいないかで、現実味を持って教えられるかどうかにも関係してくると思います。

　しかし、皆さんが今、思い出した「歓迎会」と、受講者が出席した「歓迎会」は同じでしょうか。皆さんが新入社員の頃に体験した電話の取り次ぎは、今も同じように行われているのでしょうか。企業によっては、社員が一人ずつ携帯電話を持っているので、取り次ぎという場面はないという話も聞きます。

　私たちは、自分に経験があることは、ついつい、その経験をもとに話をしてしまいがちです。しかし、商習慣や企業文化は、時代とともにどんどん変化していることを忘れないでください。

　また、業種や企業によって、使われている言葉は大きく違います。たとえば、電話をとって最初に何と言いますか。企業名を名乗るだけのところもあるでしょうし、「毎度ありがとうございます」のようなあいさつを入れる企業もあるでしょう。たとえかつて働いていた企業で教える機会があっても、時代やトップが変われば別の企業かと思うほど変化していることもあります。そして、その変化のスピードは年々速くなっています。ご自身の経験は、限られたものであることを忘れずに、目の前の学習者の状況をしっかり把握してください。その変化を踏まえた上で、自身が経験してきた企業での企業文化、特に、人間関係に関わるもの、接し方、言葉の使い方は、間違いなくあなた自身が生かせる強みの一つになることでしょう。

日本語学校などで働いていた経験のある人

　学校などでの教授経験があるということは、日本語を教えるという点において大きな自信を持っていいことです。日本語についての質問に適切に答えられるということは、受講者からの信頼を得られるということです。また、多くの日本語学習者と接してきた経験があるので、間違いやすい点なども予測でき、効果的な授業を作ることができるでしょう。

　しかし、学校での教授経験が長いと、どうしても「学校の先生」が染みついていると感じることがあります。たとえば、授業の中で、自分のことを「先生」と呼ぶ人がいます。「先生の後について言ってください」のような言い方です。これには違和感があります。自分のことは「私」と言いましょう。そして受講者のことを研修担当者に話す時などに「学生」と呼ばないようにしましょう。また、受講者を必要以上に褒める人を見ることもあります。学校の学生に対しては、時には、少しおおげさに褒めて、やる気を出させることもあると思います。しかし、社会人である受講者の中には、こうした大げさな褒め言葉を子ども扱いされていると感じる人もいます。筆者らが担当している養成講座の実習で、初級レベルの受講者に、子どもに接する時のような言葉遣いをしている人を見ることがあります。しかし、皆さんが教えている受講者は専門性を持った大人です。大人への対応を忘れないでください。また、常に周囲の日本人に褒められている上級者の中には、どこがどういいのか、改善すべき点は何なのかを客観的に指摘してくれないと日本語教師に習う価値がないと考える人もいます。その結果、皆さんの仕事がなくなってしまうかもしれません。

　次にアドバイスをする時のことを考えてみましょう。学校であれば宿題をしてこなかった学生を「叱る」ということがあるかもしれません。でも、相手は大人です。また、多くの場合、彼らにとって「日本語学習」の優先順位は「仕事」より低いことが多いです（ただし、新入社員研修など、日本語研修が「仕事」と位置づけられることもあります）。宿題をしてこなかったことを「叱る」のではなく、なぜできなかったのか、どんなものならできるのか、そもそも宿

題は必要なのかなど、話し合って納得のいく解決策を導き出しましょう。特に
専門性の高い高学歴の受講者は、自分にとって効果的な学習方法を確立してい
ることも多く、日本語学習は初めてでも教師の押し付けの学習法に疑問を感じ
る人もいます。この場合も納得がいくまで話し合う必要があります。

　受講者は「大人」そして、「お客様」でもあるのです。こちらの思いを押し
付けるのではなく、お客様の立場に立って考えることが大切です。

(2) 自分の長所を生かす

　ビジネス日本語教師に求められる力には、さまざまなものがあることがわかっ
たと思います。こうした力を身に付けることは、ビジネス日本語を教える専門
家としての「質」を担保するために大切です。自分にはどんな力が欠けている
のか気づき、その穴を埋めていくようにしましょう。

　また、一方で、ビジネス日本語の多様性を考えると、自分の強みが何なのか
を知っておくことも重要です。選ばれる教師になるためには、教師としての付
加価値を高める必要があります。ビジネス日本語を学ぼうとする人がさまざま
であるのと同様に、ビジネス日本語を教える教師のバックグラウンドもさまざ
まです。企業担当者より、講師リストにそれぞれの得意分野を書いてほしいと
言われることがあります。基本の力を押さえた上で、自分の「売り」はこれだ
とアピールすることで、ほかの講師との差別化が図れると思います。さまざま
なことを平均的にできる教師もいいでしょうし、ある分野に特化した教師もい
いでしょう。さまざまな強みを持ったビジネス日本語教師がいていいと思います。

3 ビジネス日本語レッスン

　この章ではビジネス日本語レッスンのタイプについて見ていきましょう。ビジネス日本語レッスンには、大きく分けると二つのタイプがあります。一つは、「就労者のためのビジネス日本語」、もう一つはこれから就職しようとしている人のためのいわゆる「予備教育としてのビジネス日本語」です。

① 就労者のためのビジネス日本語

　すでに働いている人、および働くことが決まっている人（内定者）のレッスンは、以下のように分けることができます。

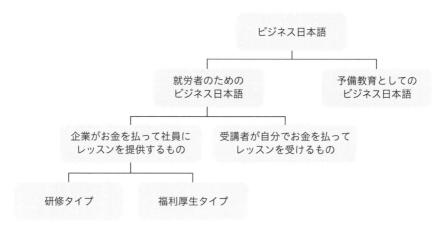

（1）企業がお金を払って社員にレッスンを提供するもの

　どんな予算からお金が出ているかを考えると、「研修タイプ」と「福利厚生タイプ」の違いがわかりやすいと思います。

研修タイプ

　このタイプは、企業が「社員の能力を高めるため」に実施するものですから、研修の目的や目標などを研修担当者としっかりすり合わせ、あらかじめ決めた目標を目指してコースを進めていきます。研修を評価するのは、企業ですから、コースがスタートしてからも、随時到達目標への進捗状況などを報告し、何か問題があれば担当者と相談します（基礎編4　p.45参照）。このタイプの研修では、企業（研修担当者）が、納得する結果を出すことが求められます。

　このタイプは、内定者や新入社員向けの研修、また入社後のブラッシュアップ研修などとして実施されることが多いです。実際にどんな研修なのか、具体例を挙げておきます。

　内定者研修では、まず企業から「入社までにこのレベルまで引き上げてほしい」「これができるようになってほしい」という要望が出されます。配属先などがまだわからない場合が多いので、教える内容は、敬語や電話での会話、メールの書き方などといった、一般的なものの場合が多いのですが、企業によっては、業界でよく使われる用語（金融用語、建築用語など）を取り入れてほしいといった要望もあります。日本の企業で働くのは初めてという人も多いので、日本の企業文化や一般的なビジネスマナーなどを織り込むこともあります。また、日本語レベルがさまざまであることや、来日前の場合もあるので、オンラインでのプライベートレッスンが多いです。

　新入社員研修は、受講者が研修センターなどに集まり、何日間かかけて集中的に研修を実施したり、ある期間、就業時間内に一定の研修時間を設けて実施したりするものなどがあります。研修センターなどに集まる場合は、この研修

期間中に、日本語以外の研修が組み込まれることもあります。終日研修の場合は、集中力が途切れないように、研修内容や活動にバラエティを持たせるなどの工夫が必要となります。学校でいうところの時間割を作り、メリハリを付けることが重要です。また、研修が毎日続く場合は、詰め込み過ぎて受講者の頭が飽和状態にならないようにしましょう。一日の最後には、ふりかえりやまとめの時間をしっかり確保し、受講者が未消化のままで終わらないようなカリキュラムが効果的です。入社したばかりなので、さまざまな質問を受けることがありますが、企業の制度などに関する質問は、研修担当者につなぎ、講師の判断で誤った情報を伝えないように注意しましょう。また、日本語についても、あいさつ表現やメールや文書のフォーマットなど、配属された部署などによって違うことが多いので、常に「あなたの部署の慣習に従ってください」と伝えるようにしています。

　ブラッシュアップ研修は、入社数カ月後などに新入社員が一斉に受講するもの、配属先のニーズによって特定の社員だけが受講するものなどがあります。入社後の研修は、受講者がそれぞれ職場で直面したことから感じた問題意識を持って参加しますので、内定者研修や新入社員研修より多くの質問が出ることが想定されます。新入社員が一斉に受講する集合研修の場合、さまざまな職場の社員が集まるので、日頃別々の職場にいる同期入社の社員から話を聞き、職場が違っても同じ問題を抱えていることがわかったり、問題解決のヒントとなるような話を聞けたりして、外国籍社員にとっては情報交換の場のような役割を持つこともあります。このような研修では、企業からの要望にしっかり応えつつ、受講者のニーズ（悩みや疑問点など）にも応えるような時間を作ると満足度の高い研修になるでしょう。

　また、ブラッシュアップ研修を依頼された場合は、受講者がこれまでどんな研修を受けてきたのかを把握する必要があります。もし、内定者研修や新入社員研修を担当し、その上でブラッシュアップ研修を担当することになれば、受講者が何を学習し、何を学習していないのか、また受講者の強みや弱みがよくわかっているので、効果的なコースが作れます。このような継続的に研修を担

当するメリットを企業に伝えることも重要だと思います。

福利厚生タイプ

　福利厚生は、企業が社員に提供するサービスのようなものです。たとえば、企業がスポーツジムと契約をしたり、英会話教室の受講料を補助したりすることなどをイメージしてください。日本語研修も同じような位置づけで実施されることがあります。

　福利厚生タイプは、研修タイプと違い、企業の目標は「社員の生活を充実させること」です。外資系企業や高度人材を中心に中途採用の多い企業の中には、日本語学習経験がない入門レベルの社員に対して、日本で充実した生活を送るための、いわゆる「サバイバル日本語」のクラス研修を提供している企業があります。こうした企業は時間数や期間を定めプライベートレッスンを提供しています。一人一人の採用条件が異なるので、同じ企業内であっても、企業がどの程度日本語研修の費用を負担するのかは、人によって違ってきます。

　福利厚生タイプの研修では、多くの場合、研修で何をするか、何を目指すのかは、受講者に委ねられています。かつて、筆者が担当していたレッスンでは、受講者の自宅にある家電製品の漢字の読み方と意味を確認したいという要望がありました。また、別の受講者は、仕事では日本語はまったく必要としていなかったのですが、休みに来日する家族の前で少し日本語を話してみせたいという目標を持って、観光地で使えそうな日本語（たとえば、「写真を撮ってもらえますか」など）だけを練習したこともあります。このように、福利厚生タイプの受講者の多くは、仕事では日本語はほとんど必要ありません。日本で生活するのに、日本語ができたほうが便利で楽しいということでレッスンを受けることが多いようです。しかし、日本語能力試験（JLPT）受験のためのサポートをしてほしいなどという人などもいますので、このタイプのニーズもさまざまと言えます。

　また、このタイプの研修は、社員本人だけでなく、社員の家族への日本語研修を含んでいることもあります。筆者はかつて、社員本人と配偶者、娘の3人

を一緒に教えたことがあります。スタート時こそ、父親（社員）がリーダーシップをとっていましたが、徐々に仕事が忙しくなり欠席が増え、結果的には、知識欲旺盛な娘がどんどん上達し、父親は研修には参加しなくなった（しにくくなった）ということもありました。また、はじめは、週1回、家族一緒に受講したいと言っていても、家族全員の時間帯が合わなくなり、それぞれ時間帯を変えたり頻度を変えたりして週3、4回に増やしてほしいと言われる場合もあります。子どもの場合は、日本の学校に入学したのでもっと学習時間を増やしたいという要望を受けることもあります。こうした家族の希望については、社員である受講者から企業に確認してもらうようにしてください。福利厚生費にも予算がありますので、企業が払ってくれない場合は、本人払いでもやる気があるのかを確かめなくてはいけません。受講者から頼まれたからといって口約束で軽く引き受けてしまうと、後々のトラブルの種になることがあります。

　福利厚生タイプの研修は、受講者の満足度がポイントとなりますので、授業で何をしたのかなどは企業に知らせる必要がない場合が多いです。しかし、出欠席や実施回数などは、研修費の請求に関わりますので、正確に知らせなければなりません。講師の都合で休講にする場合も同様です。教師派遣機関からの委託を受けて研修を担当する場合は、こうした契約に関わることは、その都度、派遣機関担当者（コーディネーター）に知らせてください。

　福利厚生タイプの研修を成功させるカギは、受講者が、納得（満足）する結果を出すことです。しかし、企業からの依頼で実施する研修には変わりありませんので、勝手な判断は避け、企業担当者ときちんと連絡を取りながら進めるようにしてください。

② 受講者が自分でお金を払ってレッスンを受けるもの

　ビジネス日本語と聞くと、企業がお金を払うタイプの研修を想像する人が多いと思いますが、受講者が自分でお金を払ってレッスンを受けている場合もあ

ります。

　こうした受講者は、学習目的がはっきりしていて、かつ、コストパフォーマンスの意識が高い人が多いです。つまり、自分が何をしたいのか、したくないのか、要望がはっきりしています。たとえば、日本語力をアップさせたいと思っているのに、成果が上がらなかったり、自分の楽しみとして学んでいるのに、楽しくないと思ったりすれば、ほかの講師に変えたいという話になるでしょう。しかし、講師と相性が合えば、本人が希望する限り、研修は継続していくことになります。

　注意が必要なのは、自身のキャリアアップ、昇進や転職のために同僚や上司に内緒で受講している場合です。そのような場合は、同じ社内に受講している人がいても受講者の秘密を守らなければなりません。

② 予備教育としてのビジネス日本語

　ビジネス日本語を学ぶ人の中には、これから働こうとしている人もいます。たとえば、日本語学校、専門学校、大学などで学ぶ学生もその中に含まれます。

　予備教育としてのビジネス日本語の授業を受講する人たちは、企業の仕組みや「企業で働く」こと自体がまだ想像できていません。たとえば、事務所の様子はどんなものなのか、朝、出勤したらどんなことを話しているのかなど、企業によって違うのですが、働いたことがないのでまったく想像ができないのです。そのため、既存のビジネス日本語のテキストを使って進めるだけではなく、もう少しきめ細かいサポートが必要になります。

　たとえば、テキストの中に、新入社員が部長に呼ばれるというシーンがあります。筆者が学校でこうしたロールプレイを実施すると、二人とも座ったままで話し続ける学生が多いことに気付きました。日本の企業で働いたことがある人であれば、多くの企業では新入社員と部長は少し離れた場所に座っているということが頭にあるので、呼ばれたら返事をして立ち上がって、上司のところに行くのが一般的です。このような情報も共有した上で、きちんと場面を設定

をすると、現実味のある練習になります。

　職場の雰囲気を知るために、企業がテーマになったドラマなども役に立ちます。ドラマによっては、現実離れしたおしゃれ過ぎるオフィスも登場しますが、いろいろなドラマを見ることで、働く人の様子などがなんとなくイメージしやすくなるでしょう。

　また、教師自身の態度も重要です。たとえば、ビジネス日本語を教える時間は、教室を会社に見立てたり、教師を学生の上司という位置づけにしたりするなどして、敬語などの丁寧な日本語で話しやすい雰囲気を作ることも欠かせません。教師自身も、自分を「先生」と呼ばせずに、「○○さん」あるいは「部長」のように呼ばせ、教師から学生に話す際も、通常の話し方とは変えるなどして役に成りきりましょう。

　教える内容は、業界を特化したりせず、一般的な内容ということになりますが、学生が少しでも「自分ごと」として考えられるように、状況に応じて、就職活動やアルバイト先などの場面も取り入れた練習を行うといいでしょう。また、日本語だけでなく、日本の企業文化やビジネスマナーなども、授業の中に適宜組み込んでいくことで、なぜこういう表現を使うのかなどの理解が深まります。たとえば、名刺交換をする時に、いつ何を言って、どのくらいの深さのお辞儀をするか、どちらから渡すか、受け取った名刺をどうするのか、その習慣がない人たちにはまったくわかりません。なぜ自分から先に渡すのか、受け取った名刺をすぐポケットに入れてはいけないのはどうしてか、理由がわかり、実際に名刺交換ができるようになることで、自信を持って実践できるようになるのです。（実践編2　p.110参照）

きれいな花だと思ったのに

　プライベートレッスンの受講者に日本人女性との結婚を目指している人がいました。彼女のお母様は二人の仲を応援してくれていましたが、お父様は一人娘の結婚を頑固に反対していたそうです。家族の一員として歓迎してほしいから日本語を学びたいとのこと。正式に自己紹介をしてお父様の許しを得たいと懸命に学んでいました。初対面のためのレストランを予約し、いよいよ、その日を待つだけとなりました。

　ところが、その矢先に彼女は大病を患い手術を受けることとなり、入院してしまいました。その病院が、お父様との初対面の場となってしまったのです。彼女のために自分で選んできたお見舞いの花束をお父様に差し出し、緊張しながらも心をこめてあいさつをした彼……次の瞬間、「おまえ！ 出ていけ！」という怒声が病室に響いたそうです。ベッドの彼女もお母様もオロオロするばかりです。病室の外に追い出された彼の腕には突き返された花束が……。もうお気付きでしょうか。そう、そこにあったのはお墓や仏壇に供える菊の花束だったのです。

　その後、彼女とお母様のとりなしもあり、彼は全快した彼女とめでたく結婚することができました。お子さんにも恵まれ、ご両親自慢の娘婿として幸せに暮らしています。このエピソードも、今ではお父様お気に入りの笑い話となっているそうですが、このことがあった翌日のレッスンでうなだれた彼の顔と、知らなかったとはいえ、お見舞いのタブーを伝えておけなかったという悔い（後悔の念）は30年経った今でもはっきりよみがえってきます。

　それ以来、特にプライベートレッスンでは、日本の常識やマナー、とりわけタブーとされていることはレッスンの中で触れることにしています。時間的制約もあり、すべてを伝えるわけにもいきませんが、できる限り受講者のレディネスを聴き取り、その人が知っておいた方がいいと思われることを伝えています。その後の教師生活の教訓となった思い出です。

4 ビジネス日本語研修の評価

　企業から日本語研修を受託し、研修が始まったら、定期的に進捗を企業の担当者に報告する必要があります。そこには、受講者の「評価」も含まれてきます。評価方法をどうするかは、コースデザインと同様にあらかじめ決めておくべき大切な要素となります。この章では、どのような評価方法があるかをご紹介します。

1 公的なテストを活用する

　最もよく知られている評価の一つは日本語能力試験（JLPT）のレベルを提示することではないでしょうか。N5からN1レベルを指針とした評価をする方法です。しかし、JLPTは年に2回しか実施されないため、研修に合わせた時期に評価をしたい場合は、代替として次のような随時受験可能なテストもあります。

テスト	概要	実施頻度	個人受験
J-CAT（Japanese Computerized Adaptive Test）	日本語学習者を対象とした日本語能力の判定をインターネット上で、時間・場所の制約なしに実施できるアダプティブテスト（適応型テスト）	随時受験可能	×
JLPTオンラインハーフ模試	JLPTの模擬試験（N5〜N1のレベル別）を本試験の半分の時間・問題数で受験することができるeラーニング。採点ボタンを押すだけで結果を確認することができる。	随時受験可能	×

J.TEST 実用日本語検定	外国人の日本語能力を客観的に測定する試験。会場は日本国内、海外にある。	年6回実施	○
TTBJ 筑波日本語テスト集	科学研究費補助金を受けて開発された。ウェブ公開以来、多くの機関のプレースメントテストや、習得研究で利用されている。無料。	随時受験可能	○
BJT ビジネス日本語能力テスト	ビジネス日本語の能力を測るテスト。日本のビジネス社会で働こうとする人、基礎的な日本語をマスターした人の次の目標としてお勧め。テストに合否はなく、スコアに応じた評価。コンピューターで受験する。	随時受験可能（都合に合わせて受験会場、日時を選択）	○
JPET 日本語能力評価試験	日本語運用力を測定するためのテスト。「聴解問題」と「読解問題」で構成され、実社会で日本人のよく使う表現が取り入れられている。結果は10日ほどで届く。	毎月1回実施	○

② 受講者による自己評価

　評価には教師側からのものだけでなく、受講者の自己評価も含まれます。JLPTでは「聞く、話す、読む、書く」のCan-do自己評価リスト[注1]があります。またビジネス日本語に特化したものとしては、「ビジネス日本語Can-do statements[注2]」が参考になります。多言語に翻訳されているため、受講者が母語で確認することができます。また、厚生労働省の「就労場面で必要な日本語能力の目標設定ツール[注3]」にも、「就労Can doリスト（めやす）」として、就労場面で日本語を使って行う七つの言語活動〈聞くこと、読むこと、話すこと（やりとり）、話すこと（発表・報告）、書くこと、オンライン、仲介（橋渡し）〉について七つのレベルを示した49項目が挙げられています。

注1）　https://www.jlpt.jp/about/candolist.html
注2）　http://www.business-japanese-cando.jp
注3）　https://www.mhlw.go.jp/content/11800000/000773360.pdf

③ オリジナル評価基準の開発

①と②では既存のテストや評価基準を活用する方法をご紹介しましたが、カスタマイズされた日本語研修の評価をより正確にするためには、オリジナルの評価基準を開発することがベストです。実際に、日本語研修の依頼があった企業の例ですが、担当者と話し合いを重ねれば重ねるほど、JLPTの基準でもなく、BJTの基準でもない結果を企業が外国人社員に求めていることが多いとわかってきました。そこで筆者らはある企業から請け負った外国人内定者研修で、その企業向けのオリジナルの日本語力育成の指標（評価基準）を作成しました。（資料01　p.192-193参照）

評価基準の作成のために、企業の研修担当者を通じて外国人社員が配属される各部署への聴き取りを行ってもらったり、アンケート調査を実施したりするなど、「N1レベルの外国人社員」ということではなく、具体的に「日本語で何ができることが求められているか」を調査します。そして、その結果に基づいて、その企業オリジナルの評価基準を作成することで、企業のニーズと求められている日本語研修を合わせます。「聴く」「話す」「読む」「書く」の四技能をベースに、企業の場合「書く」の中に「ビジネス文書」を加えたり、「聴く」「話す」のカテゴリーに「ビジネスコミュニケーション力」を加えたりしました。留学生向けのアカデミックな日本語力の指標とビジネス日本語の指標とは、明確な違いがあります。

④ インタビューによる評価

筆記による評価だけではなく、インタビューによる口頭評価も必須です。むしろ企業研修では、筆記の評価よりも口頭評価の方が重要かもしれません。この口頭評価をどのようにするかも、公的な口頭能力試験が少ないため、オリジナルの日本語力育成の指標を使って評価していく必要があります。ゼロ初心者

〜初中級までは初級の文型を活用した質問を主にしていきます。たとえば「国はどこですか」「いつ日本に来ましたか」「日本語の勉強はどうですか」「夏休みに何をしたいですか」「週末何をしましたか」などです。

　中級から上級にかけては、ある程度まとまった文章で回答するような質問をします。たとえば「日本に来る前と来た後で何か印象が変わりましたか」「〜についてどう思いますか」「最近気になるニュースは何ですか。それについてどう思いますか。話してください」などです。またビジネス日本語に特化した質問も加えます。たとえば「ウチとソトについて、説明してください」「報連相って何ですか」などです。このような質問をすることで、受講生がビジネス日本語の知識があるかどうかがわかります。また、知識として知っていても運用できない場合もあるため、ロールプレイも加えます。よく使うのは社外からの電話に応対する電話のロールプレイです。指示は次のようなものです。

　「社外から電話がかかってくるので、受けてください。その際、相手の人が話したい人は『○○部長』です。しかし、○○部長はいません。いないと伝えて、その相手から伝言を受けてください。その後、電話を切ったら○○部長に、伝言をしてください。」

　講師／コーディネーターは、電話の相手役と○○部長役の2役を演じます。このロールプレイは、受講生が「ウチとソト」の言葉の使い分けができているかを判断するのにも効果的です。

内定者（中級以上）向け面接質問項目

文法項目など	質問
パーソナルな質問（WH疑問詞を使った質問）	名前、出身、日本滞在履歴、学習履歴、日本語学習のきっかけ（理由）、現在のステイタス、専門、など。できるだけパーソナルな質問をして、相手のことがわかるようにする。趣味や余暇の過ごし方も含める。
描写力を見る（身近なことを話す）	楽しい、驚いた、などの経験について話してもらう。自国と日本との違いやどうしてそう思うかの理由など、表現力を見る。
意見（社会的なことを話す）	最近のニュースで気になっていることがありますか。それについてどう思いますか。（ニュースは何で見ますか。ネット、テレビ、新聞など）
意見（自分自身の意見）	多国籍の人が交ざっている日本企業で仕事をする上で、あなたが大切だと思うことは何ですか。
ビジネス日本語、ビジネスマナーやルールについて	何をどのくらい知っているか？「報連相」って何ですか？「ウチとソト」とは？「敬語」はなぜ使うと思いますか？「チームワーク」の考え方について、どう思いますか？　など。

【電話ロールプレイの場面設定】

> あなたは〇〇の社員です。電話がかかってきたら、出てください。相手の人が話したい人はいません。どうしていないかは、自分で考えてください。
> （面接官は、△△の☆☆さんです。橋本課長と話がしたいです。電話に出た人に折り返し電話が欲しいと伝言をお願いしてください）

＊この場面設定を受講者に説明してから、電話ロールプレイをスタートさせる。
＊ロールプレイは最後に実施すること。

チェック項目	・「もしもし」を使わない。 ・ウチとソトの使い分けができているか。 ・伝言のメモを取っているか。 ・名前と電話番号が確認できたか。 ・電話での適切な決まり文句が使えるか。

備考

・面接時間は15分〜20分程度とする。

5 「個人カルテ」を作成する

①～④の評価を企業に報告するフォーマットに、「個人カルテ」を導入することをお勧めします。

筆者らが導入したきっかけは、ある企業の研修担当者からの要望でした。「外国籍社員が入社してから、1年、2年、3年、そして5年後、彼らの日本語力を追跡していき、部署が変わっても引き継げるようにしたい」という話を聞いて生まれたのが「個人カルテ」でした。

これは総合病院の「電子カルテ」のようなものだと想像してください。最近では、病院では紙のカルテより、電子カルテが主流になっています。この電子カルテは、外科、内科、婦人科、呼吸器科など、すべての科で共有されています。血液検査結果、レントゲンなども検査後すぐに、電子カルテに反映され、どの科でも情報が共有されます。過去の症状や病歴なども、この電子カルテですべてがわかるようになっています。日本語研修における「個人カルテ」も同様に、内定者研修で受けた研修の内容、その当時の日本語力の評価などが記録されます。各自が各部署に配属された後、継続的に日本語研修を受けることができる場合には、新しく担当する教師がこのカルテによって、その受講者が以前どのような日本語研修を受け、どんな教材を使い、どのような評価を得たかを知ることができ、その受講者に対する新たな日本語研修の準備を的確に進めることができます。このカルテがあれば、受講者も、何度も同じことを説明する必要がなく、また昔の学習履歴を無理に思い出さなくても済みます。企業側の記録としてはもちろん、教師側の継続的な日本語研修の受託にもつながっていき、一石二鳥といえます。

次ページの図は、ある企業と一緒に作成した「個人カルテ」です。実際の個人カルテはそれぞれの企業に合わせて担当者と話し合いながら作成することをお勧めします。

外国籍採用者 日本語能力個人カルテ

氏名：		カナ氏名：	
職種：		出身国：	
配属先：			

初回日本語能力アセスメント	入社前日本語能力アセスメント

★日本語学習歴

★目標達成度

A) スキル確認面談 実施日：

①強み

②弱み

③コミュニケーション能力

④留意点

A) スキル確認面談 実施日：

①強み

②弱み

③コミュニケーション能力

④留意点

B) オンラインテスト結果

初級	
初中級	
中上級	
ビジネス日本語	
合計/Total	

C)○○様日本語能力指標による評価

聞く・話す			読む・書く		
聞く	話す	ビジネス	読む	書く	ビジネス

B) オンラインテスト結果

初級	
初中級	
中上級	
ビジネス日本語	
合計/Total	

C)○○様日本語能力指標による評価

聞く・話す			読む・書く		
聞く	話す	ビジネス	読む	書く	ビジネス

6 報告の頻度

　筆者の場合、数カ月にわたる研修であれば、基本的に毎月、企業への報告をするようにしています。ただし、報告の頻度は企業の要望によって異なります。また報告の意味合いも「評価」が含まれる場合もあれば、単なる「研修費の請求のための報告」であることもあります。「評価」が含まれる場合は、受講態度（出欠・遅刻含む）や「できるようになったこと」「まだできないこと」あるいは「強み」「弱み」を授業担当教師の毎回の授業記録から抜き出してまとめたものになります。これは筆者が所属する機関ではコーディネーターの業務ですが、個人で請け負っている場合は教師本人のすべき業務になります。

　報告内容は、研修担当者にわかりやすい言葉で、簡潔に書くことを心がけます。日本語教師にしかわからないような専門的な言葉を使うことをできるだけ避けます。たとえば「長音と促音がうまく発音できない」と書くより「『さか（坂）』と『サッカー』の発音の区別ができていない」などと具体例を付けます。文法用語もあまり使わないよう心がけます。所属機関の教師として担当する場合は、基本的に報告書は教師自身が書き、コーディネーターが確認した上で受託機関から先方に送ります。できる限り第三者のチェックを受けてから送るようにすることをお勧めします。個人で請け負っている場合は、何度か読み直して誤字脱字がないのを確認してから送るようにしましょう。また不適切だと思われる表現がないよう、細心の注意を払います。

　なお、研修の成果を見るための受講者の日本語力の評価とその報告は、3カ月の研修であれば、研修前と研修後の2回程度。4カ月の研修であれば、研修前、中間、研修後の3回が望ましいでしょう。報告にも費用がかかりますので、筆者の所属機関では、企業によっては報告は不要と言ってくる場合がありますが、有料の報告書が要らないと言われたら、担当教師が書いた授業記録を無料で送付するなど、企業に頼まれなくても必ず何らかの報告をするようにしています。それはひいては、自分自身のためになるからです。「報連相」の考え方にも通

じますが、本務で忙しい企業担当者へのリマインドとして報告することは、きちんと運営がされていることを確認できるという安心感を与え、担当者の絶対的な信頼を得ることにつながります。たとえ日本語研修が日本語教師や機関に丸投げされていたとしても、「これは聞いてない」「そんなことになっていたのか」など、担当者が後から知らされて問題になるような事態を避けることにもつながります。これは、私たち日本語教師が心がけるべき、クライアントである企業＝お客様への「報連相」になります。

⑦ 個人情報の取り扱い

　日本語研修を受注する際には、企業と日本語教育機関（または個人）が契約を結ぶため、多くの場合、個人情報に関わる契約（機密保持契約）や覚書を交わします。報告書や評価を電子ファイルで送付する際は、必ずパスワードをかけてから送受信します。また個人情報保護の第三者認証を受けることが求められる場合もあります。筆者らが所属しているNPO法人日本語教育研究所はJAPHICマーク^{注）}を取得しています。もし、皆さんがフリーランスとして、あるいは個人で仕事を請け負う場合でも、個人情報の扱いには十分に配慮しなければなりません。万が一それを怠ってしまい、信頼を失ってしまうと、その後、仕事を請け負うことができなくなる可能性もあります。情報管理が不適切な場合、賠償責任を負わなければならない事態にもなりかねません。SNSで企業名や学習者名を挙げて投稿したり、企業の中の画像を投稿したりすることなどは厳禁です。

注）　https://japhic.or.jp/j_mark/

column

帰国子女も日本語学習者

　その依頼は外資系マーケットリサーチ＆コンサルティング会社からのものでした。依頼内容は「弊社に入社した社員は、日本人なのですが、英語のほうが日本語よりも達者で、日本語に難があります。このままだとお客様対応にはかなり不安があるので、日本語の学校に通ってもらうことを検討しています」とのことでした。

　この学習者はいわゆる帰国子女でした。本人に記入してもらったニーズ調査の結果によると、母語は日本語で、学んだことがある言語は「英語」とあり、レベルは「超上級」に〇が付いていました。日本語研修を進めていくなかで、本人はなぜ日本語研修を受けなくてはならないのか、会社の意図や狙いをきちんと理解していないことに気付きました。そして、「学習者本人が思っている自分の日本語レベルと目標」「会社が判断している学習者のレベルとレッスンへの期待値」に大きなギャップを感じました。私はこの時、コーディネーターとして、会社側と教師から聴き取りをし、担当教師は学習者との授業内容を練り直したり、会社が求めている本人への日本語力の意識付けをしたりしました。このように、学習者、会社、教師の認識に齟齬（そご）がないように調整するのがコーディネーターの役割でもありますが、教師がこのコーディネーターの役割を担う場合もあります。手遅れにならないうちに、早めに共通認識を持つことが、日本語研修を成功に導くためにとても重要だと言えます。

5 ビジネス日本語教材

近年「ビジネス日本語」とタイトルに入った教材が増えてきました。効果的なレッスンをするためには、学習者の目的に合った教材を選ぶことが重要になってきます。この章では、レベル、内容、対象者別にどのような教材が出版されているのか、筆者らが実際に使ったことがあるものを中心に見ていきます。

※本書で紹介する教材は2023年6月現在の情報に基づいています。

① ビジネス日本語教材

(1) どんなレベルのものがあるか

セミナーなどを開催した際に、参加者の皆さんに「ビジネス日本語教材には、どのレベルがあると思いますか」と聞くことがあります。すると、多くの人が「やはり、中級以上じゃないでしょうか。」と答えます。しかし、実際には、ひらがなやカタカナを知らない初心者レベルから「ビジネス日本語」の教材は存在します。たとえば、以下のような教材がそうです。

初級レベル

『きょうから話せる！にほんご だいじょうぶ』［BOOK 1］［BOOK 2］
ジャパンタイムズ出版
『NIHONGO Breakthrough From survival to communication in Japanese』
アスク出版
『NIHONGO EXPRESS Practical Conversation in Japanese Basic 1』 アスク出版

『きょうから話せる！ にほんご だいじょうぶ』は、ゼロ初心者が日常生活で使える日本語を中心に学べる教科書です。最低限の文法文型の知識で、ある程度自己表現ができるようにシンプルに作られています。ひらがななどの文字が読めない人向けにローマ字が併記されています。日本語を仕事で使うというより、日本での生活を円滑にしたい学習者に適しています。

『NIHONGO Breakthrough From survival to communication in Japanese』は、ビジネスシーンで日本語を使う学習者向けに作られたサバイバルテキストです。「30時間で会話力をつける！ サバイバルからコミュニケーションへ」と表紙に書いてあるように、短期間の集中的な日本語研修を受ける学習者に適しています。基本的にローマ字で書かれていますが、一部ひらがな表記があります。

『NIHONGO EXPRESS Practical Conversation in Japanese Basic 1』は、ある程度まとまった期間で、文法文型を積み上げながら、ビジネス場面を中心に学ぶことができる、ビジネス日本語の初級総合テキストです。ローマ字は併記されていますが、文字学習をすることを前提として作られているので、しっかりと日本語を学んでいきたい学習者に適しています。

初級は「場面」別になっているテキストが多いようです。『NIHONGO Breakthrough』は、「企業内でのあいさつ・タクシー・公共交通機関・ファーストフード・レストラン・お店」などの場面別になっています。『NIHONGO EXPRESS Basic 1』は、「自己紹介・コーヒーショップ・工場見学・社員食堂・スポーツクラブ・バー」など、職場だけでなく生活場面も取り入れています。

初級終了から中級レベル

初級終了から中級レベルの教材には、以下のようなものがあります。

『初中級レベル ロールプレイで学ぶビジネス日本語 ―場面に合わせて適切に話そう―』
スリーエーネットワーク
『初級が終わったら始めよう 新・にほんご敬語トレーニング』 アスク出版
『新装版 ビジネスのための日本語』 スリーエーネットワーク

『初中級レベル ロールプレイで学ぶビジネス日本語 —場面に合わせて適切に話そう—』は、初級終了レベルの学習者がスムーズに中級に移行できるように作られています。場面はビジネスシーンですが、初級で学んだ文型を運用できるようになっています。ほかに中級・上級レベル（p.51参照）があるので、継続的な日本語研修を受ける場合に、続けて同じシリーズを使えるのも利点です。

『初級が終わったら始めよう 新・にほんご敬語トレーニング』は、敬語だけでなく、友達言葉との比較もあるので、両方の言葉遣いが学べます。タイトルに「初級が終わったら始めよう」とありますが、初級を終了したばかりの学習者にはややハードルが高く感じられるかもしれません。その分、中級以上の学習者にも十分に使用できるテキストです。

『新装版 ビジネスのための日本語』は、機能別になっており、初級終了レベルだけでなく、中上級レベルにも使用できるテキストです。会話がSTAGE 1からSTAGE 3と段階的に長くなり、最終的にはロールプレイができるようになっています。英語の翻訳が付いているのも、初級を終了したばかりの学習者にも使いやすい点だと言えます。

ビジネス日本語の初中級から中級にかけては「機能別」のテキストが多いようです。『新装版 ビジネスのための日本語』は、1課 紹介、2課 あいさつ、3課 許可、4課 依頼、5課 誘い、6課 電話、7課 アポイント、8課 提案・申し出となっています。機能別教科書の良い点は、初級終了レベルから中上級まで、幅広いレベルに対応できるというところです。たとえば、「許可」という機能を教える時に、初級終了レベルの学習者には「〜てもいいですか」、「〜てもよろしいでしょうか」を導入し、中上級レベルの学習者にはさらに「もし、よろしければ、〜させていただきたいのですが…」「〜させていただきたいのですがよろしいでしょうか」を導入するなど、レベルに応じて難易度を調整して教えることができます。

上級レベル

上級レベルの教材には、次のようなものがあります。

『人を動かす！ 実戦ビジネス日本語会話』 スリーエーネットワーク
『ロールプレイで学ぶビジネス日本語 グローバル企業でのキャリア構築をめざして』
　　　　　　　　　　　　　　　　　　　　　　　スリーエーネットワーク
『タスクで学ぶ日本語ビジネスメール・ビジネス文書 適切にメッセージを伝える力の
養成をめざして』 スリーエーネットワーク

　『人を動かす！ 実戦ビジネス日本語会話』は、日本語でビジネスをする人向けのテキストで、単に上級レベルの日本語会話力を身に付けるだけではなく、会話のストラテジーを学べるようになっています。日本人と交渉する時の話の運び方、ビジネスルールやマナーなどが会話の場面に盛り込まれています。仕事での取引先との交渉や、お客様とのやりとりがある営業職向けの内容になっています。

　『ロールプレイで学ぶビジネス日本語 グローバル企業でのキャリア構築をめざして』は、ある企業とその社員が取引先や工場とやりとりをする設定になっています。入社から入社2年後までの期間の中で、自己紹介の場面から社内外で繰り広げられる場面と機能を中心にロールプレイをします。そのために必要な表現を学び、会話力を上げるだけでなく、ケーススタディで外国人社員が陥りやすい問題についても話し合います。

　『タスクで学ぶ日本語ビジネスメール・ビジネス文書 適切にメッセージを伝える力の養成をめざして』は、『初中級レベル ロールプレイで学ぶビジネス日本語―場面に合わせて適切に話そう―』の姉妹書になっており、登場人物や企業名が共通しているので、連携させて学ぶのにも適しています。社内文書も社外文書も学ぶことができます。文書は企業によってフォーマットが決まっていることもありますが、まずは一般的なビジネス文書を学ぶという点では、表現などを学ぶ練習問題もあり、取り掛かりやすいでしょう。

　上級になればなるほど、内容が細分化しており、特に営業職向けのものが多

いようです。また、より専門職に特化した内容のテキストが増えている傾向があります。

このように、初心者から上級まですべてのレベルにおいてさまざまなビジネス日本語教材が存在します。

② どんな内容のものがあるか

日本語教師対象のセミナーで「ビジネス日本語には、どのような内容のテキストがあるでしょうか?」と尋ねると、まず「敬語」という回答が多く返ってきます。次に「ビジネスマナー」「メール」と続きます。

実際には、以下のような内容のものがあります。

会話　　読解　　ライティング（メール、文書）　　聴解、聴読解
ビジネスマナー　　企業文化・日本事情　　ケーススタディ
生教材（タスク型教材）

「敬語」自体は、会話、読解、ライティングなど、上記すべてに含まれていると考えます。
次のようなテキストが例として挙げられます。

会話

『にほんごで働く！ ビジネス日本語30時間』 スリーエーネットワーク
『ロールプレイで学ぶビジネス日本語』 スリーエーネットワーク
　　　　　　　　　*初中級、中級、上級の各レベルあり（p.50、p.51、p.196参照）
『みがけ！ コミュニケーションスキル 中上級学習者のための ブラッシュアップ日本語会話』 スリーエーネットワーク

『にほんごで働く！ ビジネス日本語30時間』は、初中級から中級レベルのテキストです。『新装版 ビジネスのための日本語』に構成が似ています。「30時間」で学べるというのが忙しい学習者には魅力的なタイトルかもしれません。「談話」「会話」「ロールプレイ」と段階を追って学ぶことができます。会話には、イラストが付いていますので、イラストだけを見てどんな場面なのかどんな会話が繰り広げられているのかを想像したり、会話文を勉強した後で、イラストを見て会話を再生したりする練習にも使えます。

『ロールプレイで学ぶビジネス日本語』シリーズは、2012年に上級レベルがまず出版され、中級が2018年、初中級が2020年に出版されています。中級、初中級と下のレベルの教科書が作られていることから、ビジネス日本語を学ぶ学習者の層が広がっていることが想像できます。初中級レベルから上級レベルまで継続的に使って指導することができるという点でもお勧めです。

『みがけ！ コミュニケーションスキル 中上級学習者のための ブラッシュアップ日本語会話』は、中級レベルから上級レベルのテキストです。相手との関係性や状況に合わせ、相手の気持ちに配慮しながら自分の考えや気持ちを適切に伝えることができるようになることを目的にしています。相手が目上、対等、目下なのか、親しいのか、親しくないのか、相手にかかる迷惑や負担が大きいのか、小さいのかなど、会話の状況をアイコンで示し、八つのユニット（許可を求める、依頼する、謝罪する、誘う、申し出をする、助言する、不満を伝える、ほめる）を通し、効率的・体系的に学べるようになっています。聴解で、会話の内容を理解し、間接的な表現から直接的な表現まで数種類の表現のどれを使うのが適切なのかを考えながら、短い表現からまとまりのある会話のやりとりができるようになるように、多くの練習問題が準備されています。

読解

『BJTビジネス日本語能力テスト 読解 実力養成問題集 第2版』 スリーエーネットワーク
『ビジネス日本語 オール・イン・ワン問題集』 ジャパンタイムズ出版
『中級から伸ばす ビジネスケースで学ぶ日本語』 ジャパンタイムズ出版

『BJTビジネス日本語能力テスト 読解 実力養成問題集 第2版』は、BJT対策用に作られたテキストですが、筆者はテスト対策として使うだけでなく、問題を「読解」の教材としても扱っています。単に正解を導くのではなく、どのように読めばいいのか、ポイントをつかむためのキーワードは何かなど、文章そのものを分析します。（授業実践例3　p.119参照）

『ビジネス日本語 オール・イン・ワン問題集』は、聴く、読む、話す、書く、の四つの技能が一つにまとまった問題集です。BJT対策の問題集はほとんどなかったので、本書が出た時は画期的だと思いました。また単なるテスト対策問題集とは違う温かみのある本になっていると感じました。その理由の一つが、本書がインタラクティブ（双方向）に授業ができる内容だったことです。

『中級から伸ばす ビジネスケースで学ぶ日本語』は、五つの企業を取り上げた読み物の読解を中心に、語彙や表現も学びます。取り上げられている企業と学習者の企業が同業種であれば、自分の企業との比較もできます。就職活動中の学習者であれば、企業研究にもなります。さらに、タスク活動につなげて、グループワーク、個人ワークとしても、単なる日本語学習にとどまらず、応用に広げていくことができます。出版されてからかなり年数がたっていますのでテキストに書かれていることとは状況が変わっていることもありますが、「今は、どんな状況になっているのか、なぜそうなったのか」などを調べて発表するなど、現在につなげる活動へと発展させることができます。

ライティング（メール、文書）

『しごとの日本語　メールの書き方編』 アルク
『仕事で使う！ 日本語ビジネス文書マニュアル』 アスク出版
『10の基本ルールで学ぶ 外国人のためのビジネス文書の書き方』
スリーエーネットワーク

『しごとの日本語　メールの書き方編』は、第1章には、ビジネスメールの基本書式やマナーがまとまっており、第2章実践編には、依頼、問い合わせのような内容別に「ひな形」が示されています。第3章には、各内容に対応した

練習問題があります。この練習問題は、目の前の受講者に合わせた課題を作成する際に大変参考になります。

『仕事で使う！　日本語ビジネス文書マニュアル』は、仕事でよく使われる社内文書や社外文書をテーマ別に整理しています。一般的なビジネス文書のルールのほか、Eメールの書き方や敬語の使い方もよくわかるようになっています。英語、中国語、韓国語の翻訳が付いているので、初級学習者の場合は翻訳が助けになります。「マニュアル」とタイトルにもあるように、一般的なビジネス文書のルールが学べるようになっています。

『10の基本ルールで学ぶ 外国人のためのビジネス文書の書き方』は、中級レベル以上を対象にしたビジネスライティングの入門書として、基本となる「社内文書」に焦点を当てたものです。ビジネス文書作成に苦手意識がある、ビジネス文書にふさわしい表現ができるようになりたい、文書作成に時間がかかってしまう、などという学習者を対象にしています。第1章では、ライティングで間違いやすい「10の基本ルール」を学び、第2章では各文書の特徴、作成の流れ、注意点を学び、メモやサンプル、チェックリストを参考に一人で無理なくビジネス文書が作成できる構成となっています。ここで出てくるものは、日報、研修報告書、社内メール、議事録、稟議書、提案書の基本的なもので、会社員なら書くことが多いものです。

聴解、聴読解

『BJTビジネス日本語能力テスト 聴解・聴読解 実力養成問題集 第2版』
スリーエーネットワーク
『BJTビジネス日本語能力テスト 公式 模擬テスト＆ガイド』　日本漢字能力検定協会
『ビジネス日本語 オール・イン・ワン問題集』　ジャパンタイムズ出版

『BJTビジネス日本語能力テスト 聴解・聴読解 実力養成問題集 第2版』は、数少ないBJTビジネス日本語能力テストの対策問題集です。読解同様、聴解と聴読解は企業という場面でよく使う聴き取り、聴きながら読んで情報を得るという行動に役に立つので、テスト対策にだけ使うのはもったいないと言えます。

別冊の「必携・重要ビジネス用語表現集」には、ビジネスでよく用いられる言葉や表現がまとまっていますので、語彙力強化のためにも役立つと思います。

『BJTビジネス日本語能力テスト 公式 模擬テスト＆ガイド』は、BJT唯一の公式模擬テストです。聴解・聴読解に特化したテキストはほぼないため、模擬テストとして使った後も、教材として活用することをお勧めします。

『ビジネス日本語 オール・イン・ワン問題集』は、読解のところでも紹介しましたが、聴く、読む、話す、書くの四つの技能が一つにまとまった問題集です。聴解・聴読解の素材として、会議やセミナー、新商品発表会、プレゼンテーションのスライドなど、さまざまな資料を見ながら話を聴く場面が扱われています。また公的な場面での話し方や親しい同僚との話し方などさまざまなスタイルの会話、日本語特有のあいまい表現や省略した言葉、短縮した言葉なども盛り込まれた自然な会話で構成されています。

ビジネスマナー

『しごとの日本語　ビジネスマナー編』　アルク
『改訂新版 日本企業への就職 ビジネスマナーと基本のことば』　アスク出版
『改訂版 留学生・日本で働く人のためのビジネスマナーとルール』
　　　　　　　　　　　　　　　　　　日本能率協会マネジメントセンター

『しごとの日本語　ビジネスマナー編』は、「名刺交換」や「席次」のような一般的なビジネスマナーに加えて、「社内でのコミュニケーション」「日本人の仕事観」のような日本人の考え方などについても触れられています。イラストが豊富で、大切なポイントには、中国語と英語での説明が付いています。テキストの最後にある「ビジネスマナー○×確認問題100」は、研修の内容に合わせてピックアップし、ウォーミングアップクイズやまとめクイズとして使うことができます。

『改訂新版 日本企業への就職 ビジネスマナーと基本のことば』は、中国語の対訳が付いており、中国人学習者によくある誤用が扱われているので、研修対象者が全員中国語母語話者の場合に効果的な教材です。姉妹書の『日本企業へ

の就職 ビジネス会話トレーニング』と併せて扱うといいでしょう。

　『改訂版 留学生・日本で働く人のためのビジネスマナーとルール』は、筆者らが、数多く担当してきた企業研修で実施した授業内容や、直面したビジネスケースを盛り込んだ教材です。実際に留学生が直面した場面や、ありがちな場面を短いストーリーとして紹介しています。読解教材と捉えられがちですが、「使い方のヒント」のサイトから授業で使えるスライドがダウンロードできるようになっており、それを使って授業をすることで、学習者とやりとりをしながら、ビジネスマナーについて学ぶことができます。

企業文化、日本事情

　『マンガで体験！にっぽんのカイシャ ～ビジネス日本語を実践する～』
　　　　　　　　　　　　　　　　　　　　　　　日本漢字能力検定協会
　『マンガで学ぶ日本語表現と日本文化―多辺田家が行く!!』　アルク
　『改訂版 留学生・日本で働く人のためのビジネスマナーとルール』
　　　　　　　　　　　　　　　　日本能率協会マネジメントセンター

　『マンガで体験！にっぽんのカイシャ ～ビジネス日本語を実践する～』は、4コマ漫画で実際の日本の企業の中で日常的に起こるさまざまな出来事や場面を描き、そこから問題点を見付け出し、自分ならどうするか考えて解決するようになっています。その場面で起こるであろう会話を作ったり、BJT問題にチャレンジする設問があったり、さまざまな活動に広げられます。

　『マンガで学ぶ日本語表現と日本文化―多辺田家が行く!!』は、留学生のビーフ・ジャーキーくんが、多辺田家にホームステイし、日々の生活の中で、さまざまな日本語や日本文化に出合う様子を漫画で描いています。1年を通し、季節に合った行事や日本ならではの文化や習慣も味わいながら、日本人の考え方や季節感について知り、楽しく学ぶことができます。日本の企業文化を扱ったストーリーもあり、日常生活から社会生活まで幅広く学ぶことができます。

　『改訂版 留学生・日本で働く人のためのビジネスマナーとルール』は、ビジネスマナーでも紹介しましたが、日本の社会で一般的に考えられたり、行われ

たりしていることについて書かれています。日本独自の企業文化について、具体的なエピソードを通じて、外国人が疑問に感じやすいこと、「なぜ、どうして」をわかりやすく説明しています。企業文化を受け入れて従うことが目的ではなく、企業文化をよく知ることで日本社会に対する理解が進み、スムーズに日本での社会生活が送れるようになることを目的としています。

ケーススタディ

『"異文化"トラブル解決のヒント！ 日本人も外国人も ケース学習で学ぼう ビジネスコミュニケーション』 日経HR
『外国人のためのケーススタディで学ぶビジネス日本語 中級』 スリーエーネットワーク
『ビジネスコミュニケーションのためのケース学習　職場のダイバーシティで学び合う【教材編】』 ココ出版

『"異文化" トラブル解決のヒント！ 日本人も外国人も ケース学習で学ぼうビジネスコミュニケーション』は、日本で働く外国人や、外国人と働く日本人が、日本のビジネスコミュニケーションの特徴や考え方を理解するために、実際の職場で起きた事例を紹介しています。12の事例とタスクワークを通して、多様な視点や価値観を学び、実践的なビジネスコミュニケーションスキルが身に付けられます。英語訳もあります。

『外国人のためのケーススタディで学ぶビジネス日本語 中級』は、新入社員が遭遇しやすい場面をテーマに【読解】と【会話】に分かれています。【読解】では、ビジネス習慣について解説した文章を読んだ上で、ケーススタディを通して、自分なら具体的な場面でどのように対応するかを考えます。【会話】では、表現や会話の運び方を学び、ロールプレイをすることで、実践的なコミュニケーション能力を伸ばすことができます。

『ビジネスコミュニケーションのためのケース学習　職場のダイバーシティで学び合う【教材編】』は、仕事の現場で必要とされる能力（問題発見解決能力や課題達成能力、異文化調整能力）の育成を可能にする「ケース学習」が提案されています。ビジネスの現場で起きる問題を解決し、課題を達成できる能

力、そして、異なる考え方を持つ人とも人間関係を損ねることなく仕事を進めていける能力を育てることを目指した教材です。英語訳、韓国語訳、中国語訳が収録されています。

生教材（タスク型学習）

生教材は、ニュースやネット情報を読んだり聴いたり（インプット）、発表、プレゼンテーション（アウトプット）をするなどの使い方があります。ディスカッションやディベートにつなげるということも考えられます。

テーマについては、受講者本人がおのおのの興味や趣味から自由に選ぶという方法もありますが、クラスでテーマを決め、学習者自身が情報を探し、発表するためにスライドを作り、時間内に発表し、フィードバックをもらうという形にすることもできます。難易度は上がりますが、まとまりのあるものになるでしょう。業務として会議などで発表する前段階の学習として扱うには、その時々に国内外で話題になっていること、企業のホームページなどに掲げられているテーマ、たとえば、SDGs、ウェル・ビーイング、ダイバーシティなどのようなものを選んでみるのもいいでしょう。

生教材を選ぶ際に気を付けたいのは、その受講者のレベルで情報収集ができるものにすることです。たとえば、国の料理のレシピや習慣などを発表するというテーマで、母語使用の情報収集でもいいとするなら、初級レベルでもできる授業になります。情報収集の際に、記事などに加え、実際に日本人にアンケートを取るなど課してもいいと思います。

③ どんな仕事の人を対象とした本が多いか

「ビジネス日本語」と呼ばれるテキストは30年ほど前には数えるほどしかありませんでした。しかし、近年、日本における外国人就労者の増加に伴い、ビジネス日本語の需要が高まっています。そのため、さまざまな種類の仕事のための日本語教材が出版されています。

以前は、いわゆる「営業」に携わる人を想定した教科書が多かったようです。

『新装版 商談のための日本語』（スリーエーネットワーク、初版1996年）、『新装版　実用ビジネス日本語』（アルク、初版1993年）などが例として挙げられます。

　しかし、最近ではさまざまな職種に対応したテキストが多く出版されています。以下はその一例です。

『しごとの日本語　IT業務編』　アルク
『サービス日本語―ホテルスタッフ編―（第2版）』　凡人社
『おもてなしの日本語　心で伝える接遇コミュニケーション　基本編』　アスク出版
『場面から学ぶ看護の日本語』　凡人社
『人とつながる 介護の日本語』　アルク
『ゲンバの日本語 基礎編 働く外国人のための日本語コミュニケーション』
スリーエーネットワーク

　このように、エンジニア向け、工場などで働く人向け、介護・看護向け、ホテルサービス向けなど、テキストが多様化しています。

② ビジネス日本語以外の教材

　ビジネス日本語は、何も「ビジネス日本語」と謳（うた）っているテキストでないと教えられないというわけではありません。たとえば皆さんがよく知っている『みんなの日本語』（スリーエーネットワーク）は、登場人物が会社員で、教科書の「会話」場面には、社内での会話もあります。文型シラバスのため、教科書の順番どおりに教えていくのは難しいかもしれません。それでも、教師側でアレンジしていけば、ビジネス日本語の授業での使用も決して不可能なことではありません。

　文字（ひらがな・カタカナ）の導入が必要な場合、一般的な仮名のテキストで扱われているものが「いぬ」「かさ」「りんご」など、子どもっぽいと思われるような語彙が多いことがあります。ビジネスパーソンはそのような語彙で文字を学ぶ時に、まるで子どものような扱いをされていると感じることがあるよ

うです。またそのような言葉をリピートさせられることを嫌がる受講者もいます。そのような場合、「かさ」の代わりに「かいぎ（会議）」、「りんご」の代わりに「りれきしょ（履歴書）」など、ビジネスでよく使うような語彙に変えて練習してみることをお勧めします。最近は「会議」を「ミーティング」と言ったり「部長」を「マネージャー」と呼んだりする企業が増えてきています。また、エンジニアなどが毎日のように使う専門用語にはカタカナ言葉が多く使われています。カタカナ導入にも企業側の協力を得るなどして、それぞれの職場で使う言葉を取り入れていけば、カタカナと専門用語が同時に学べ、一石二鳥です。

　日本語学校で教える日本語の授業とは異なり、ビジネス日本語では、必要な語彙をできるだけ早く導入することが求められます。まだ初級だから「会議」という言葉は難し過ぎる、と考えて教えないのではなく、必要な語彙はすぐにでも教えるといった**臨機応変さ**が求められます。ビジネス日本語を日本語能力試験（JLPT）のレベルと合わせて教える必要はありません。語彙や表現がJLPTの基準ではN2やN1であっても、**その受講者に必要な語彙はすぐに教えることが大切**です。

　以上のことを踏まえると、ビジネス日本語向けに作られたテキストのほうが、自分でアレンジする手間が省けるという点でも、教師の準備にかかる負担を軽減するという点でも、使いやすく効率的だと言えるでしょう。と同時に、「留学生のために」「生活者のために」と謳われている市販教材の中にも、それほどアレンジせずに有効に使える教材も多くありますので、ビジネス日本語と銘打っているもの以外にも使える教材が多くあることに目を向け、教師自身が教材研究をすることはとても大切なことだと考えます。使い慣れた教材を繰り返し使うのではなく、新しく出版された教材を手に取って中身を見てみる。今まで使ったことのないほかの教材も研究してみる。自律的な日本語教師として、教師自身も一人の「学習者」として、学びを止めないようにしましょう。

実 践 編

1 ビジネス日本語の コースデザイン

　皆さんは、今までにコースデザインをしたことがありますか。コースデザインについては、日本語教師養成講座で習ったから知っているけれども、実際に作成したことはないという人も多いのではないでしょうか。日本語学校などでは、教務主任が準備したものに従って授業を行うことになるので、多くの人にとっては、自分で作るものではなく、すでに用意されているものなのではないかと思います。

　この章ではビジネス日本語のコースデザインの基本について見ていきましょう。

① コースデザインをする

　まず、コースデザインの基本を確認しておきましょう。

　コースを作る時に一番大切なのは、コースの最後に何ができるようになるのかという到達目標を決めることです。その目標達成のために、「いつ、どこで、誰が、何を、どう教えるのか」を具体的に決めます。そして、その目標が達成できたかどうかを測る「評価」について決めます。ここには、一貫性があることが重要です。たとえば、「プレゼンテーションができるように」という目標を持って勉強していた人に、コースの最後に日本語能力試験（JLPT）の模擬試験を受けてもらい、評価しても、まったく一貫性がありません。対象者が変わっても、コースデザインの基本は同じです。この基本を踏まえて進めていきましょう。

① 到達目標を決める

ニーズ調査

　到達目標を決めるために、まずはニーズ調査が必要です。ニーズ調査という
と、日本語を学ぶ学習者への調査が思い浮かぶかもしれませんが、企業が日本
語研修を依頼している場合、企業側へのニーズ調査が必須となります。外国人
を受け入れる企業が、社員に何ができるようになってほしいと思っているのか、
なぜ研修を受けさせたいと思っているのかを調査します。

　「日本語が上手になってほしい」という漠然としたニーズは、多くの企業か
らよく聞くものです。また、「職場の人とコミュニケーションが取れるようになっ
てほしい」という要望も多いのですが、これも仕事上での指示が伝わるように
ということなのか、仕事以外の場所でのコミュニケーションなのかなど、漠然
としています。

　重要なのは、企業の担当者の多くは日本語教育について**ほとんど知らない**と
いうことです。最近は、専属の日本語教師を採用するという企業もありますが、
誰がどんなところでどうやって日本語を教えているのか、知らないという人た
ちがまだまだたくさんいます。以前、研修の打ち合わせに行った企業では、外
国人社員のわかる言語の翻訳が付いた「トラベル日本語」の本をもとに、日本
人社員が一生懸命、日本語を教えていました。私たち日本語教師にとっては、
当たり前のこと（外国人が日本語を学ぶ時の文法は日本人が国語を学んだ時と
どう違うのか、どんなテキストがあり、どう教えるのかなど）も、企業にとっ
ては必ずしも当たり前ではないことを常に頭に置いておきたいと思います。

　漠然とした企業のニーズに対して、企業側（日本語研修の依頼者）が「上手
になってほしいと思っている日本語」とは、「どんな場面で、誰に対して使う、
どんな日本語」のことを指しているのかを、具体的に聞いていきます。担当者
とじっくり話しているうちに、日本語の問題だけでなく、受け入れる側の日本
人社員が外国籍社員への対応の仕方を変えることで改善する問題であることに
気付くこともあります。

続いて、受講者へのニーズ調査です。受講者自身が困っていることは何か、この仕事をするのにどんな日本語が必要だと思っているのかなどを確認します。後者については、入社したばかりの社員の場合、どんな日本語が必要とされているのかがわからないことも多いです。先輩となる外国籍社員がいる場合は、その人たちの声を聞いてみるのもいいでしょう。

受講者へのレディネス調査

　レディネス調査とは、学習をスタートするにあたり、学習者の今の状況を知り、どんな準備ができているかを調査することを言います。質問項目をまとめた調査表のような形で事前に答えてもらうこともできます。これは日本語のテストではありませんので、正しい情報を得るために、受講者のわかる言語での訳を付けておくといいでしょう。
　主な項目について見ていきましょう。

≫ 受講者自身のこと

　個人情報ですので、回答を無理強いはしません。最近は、性別や年齢などの質問には答えないこともあります。しかし、滞在期間、母語、学習したことのある言語など、今後、学習がどのように進むかなどを予測する上で、ある程度知っておいた方がいいこともあります。たとえば、英語圏出身の初心者であっても、日本語と文法の似ている韓国語や漢字を使う中国語の学習経験があれば、こうした言語をまったく勉強したことがない人に比べて日本語の理解が早いことが想像できます。

≫ 日本語の学習経験や現在のレベル

　自己評価なのでうのみにすることはできませんが、受講者自身が自分の日本語をどう評価しているのかを知ることは重要です。人によって、レベルを低く申告する人もいますし、高く申告する人もいます。いくつものクラスに分かれた大きな研修をしていた時、自分には多少難しくても上のクラスに行きたがる人、下のクラスでトップにいたい人など、いろいろな受講者がいました。現在

の日本語能力については、自己申告だけではなく、客観的な筆記テストや口頭インタビューなどを実施して適切に評価をします。評価の結果、自分で「中級」と書いていた人を「初級」クラスに入れる場合などは、大人としてのプライドを傷付けないような説明も必要です。

≫ 学習環境

　たとえば、まわりに日本語を話す人がいるのか、日本語研修以外にどのぐらい学習時間が割けるのか（割けない、割きたくない、という人もいます）、どんな機材を持っているのか（最近のテキストの音声はダウンロードできるものがほとんどですが、古いテキストだとCDしかないものもあります）などもコースを考える際に必要な情報です。

≫ 学習法の好み

　人によっていろいろな学習スタイルがあります。筆者が海外で日本語を教えていた際、その国の学習者は「勉強とは、教師が黒板に書いたことをすべて写して、それを教科書代わりにして覚える」というスタイルの学習法に慣れていました。筆者はそのことを知らず、ほとんど板書をすることなく、受講者とのやりとりを通して学んでもらおうとしていたのですが、それは、彼らには「勉強」とは理解されず、非常に驚いたことがありました。また、「座らずに勉強したい」という研修を請け負ったこともあります。この人は、外に出かけて実際にさまざまな経験を通して勉強したいというはっきりとした学習法の好みを持っていました。

　クラス授業の際、受講者の好みをすべて反映させることはできませんが、どんなスタイルを好むのか、どんなスタイルに慣れているのかを知っておくことで、効果的な研修を組み立てることもできると思います。

　ニーズ調査やレディネス調査を終えたら、それらをもとに検討してコースの到達目標を決定するわけですが、それだけでは決定できないこともあります。なぜなら、企業には「予算」があるからです。また、研修期間についても、あ

る一定の期間内に終わらせてほしいという要望がある場合もあります。こうした条件の中でどこまで日本語力を伸ばせるのか、どこを目標にすればいいのかを見極め、提案をすることになります。

たとえば、日常会話程度ができる社員に対して、「20時間ぐらいの研修で、お客さんとの会議に出席して、議事録が取れるようになってほしい」という要望があったとします。日常会話レベルの人が20時間で議事録が取れるようになるというのは、正直「夢のような目標」と言えます。これほど無謀ではないにしても、これに近いことはよくあります。

会社の要望が、提示された条件（予算や期間）では到達しそうにないものだったらどうすればいいでしょうか。研修費予算での日本語研修は企業（研修担当者）が、納得する結果を出すことが求められると書きました（基礎編3　p.31参照）ので、何が何でも会社の要望どおりのコースを作らなければならないと考える人もいるかもしれません。しかし、会社の夢のような要望をそのまま到達目標として設定してしまい、実際にコース終了時にその目標に到達していなければ、それは契約違反になってしまいます。

そんな時は、まず、企業の担当者に受講者の現在のレベルと目指すレベルの差をはっきり見せましょう。「企業の担当者の多くは日本語教育についてほとんど知らない」のですから、客観的に、わかりやすい言葉で説明することが大切です。国際交流基金のJF日本語教育スタンダード[注]や、BJTビジネス日本語能力テスト、厚生労働省の「就労場面で必要な日本語能力の目標設定ツール」（基礎編4　p.39参照）などの説明は具体的でわかりやすいので、こうした指標を使って、現在の受講者のレベルと目指すレベルの差を示すといいでしょう。

次に、夢の実現に向けての提案をします。たとえば、先ほどの例であれば、以下の二つの提案が考えられます。

一つは、「議事録が取れるようになること」を到達目標にして、適切な研修時間を提案することです。この場合、希望時間数を大幅に超えることになり、

....

注）https://jfstandard.jp/top/ja/render.do

予算もオーバーしてしまいます。しかし、どうしてもこの目標を達成してほしいと思っているのならば、これが通るということもあります。

　もう一つは、「議事録が取れるようになること」を最終的な到達目標として、それに向かう最初の20時間の到達目標を提示し、継続的な研修を提案するというものです。

　日本語研修を今までに実施したことのない企業の場合、日本語研修がどんなものなのか、どんな成果があがるのか疑心暗鬼という場合もあります。客観的な指標を使って、どのぐらいの時間勉強するとどんなことができるようになるのか、相手の条件の中でできることをきちんと示すことが必要です。「できません」ではなく、日本語教育のプロとして適切なアドバイスをしましょう。

　このように企業から依頼のあった研修のコースを作る際は、ニーズやレディネスだけではなく、予算などの条件もクリアした「到達目標」の設定が求められます。

(2) 何を、どう、誰が教えるのかを決める

　到達目標が決まった後は、それに向かってどう進めていくのかを決めていきます。

何を

　到達目標の達成のためには、何ができればいいのかを洗い出し、受講者の今の日本語レベルに足りないスキルを補っていきます。たとえば、「プレゼンができるように」という目標の場合、何が足りないのかは人によってさまざまです。話すことは得意だけれども、資料を作るのは苦手という人もいれば、その逆の場合もあります。漢語語彙が不足しているために、プレゼンで子どもっぽい印象を与えてしまう点が弱みという人もいます。

どう

目標達成に必要なスキルをどう教えるのがいいのか。テキスト、教授法、使用する機器、授業外の学習内容・時間などを決めます。

誰が

自分が研修を請け負い、授業を担当するのではなくコーディネーターとしても関わる場合は、「誰が」担当するのかも重要です。就労者の多様なニーズに応えるには、講師の強みを生かしたマッチングができるかもコースを成功させるカギとなります。

③ どう評価するのかを決める

最初に述べたとおり、到達目標に達したかどうかを正しく測れる評価方法を使う必要があります。口頭能力にフォーカスした研修であれば、インタビューによる評価、また、ビジネスメールに特化した研修であれば、課題に沿ったメール作成ができるかなど、到達目標に合わせて設定します。JLPT合格を目指したコースであれば、実際のテストに合格できたかどうかが評価となり、コースの中での評価は不要ということもあるかもしれません。

評価については、方法だけでなく、その報告の仕方も決めておきましょう。(基礎編4　p.43参照)

研修のタイプによっては、評価や報告は不要という場合もあります。

② コースデザインを見直す

コースは作って終わりではありません。コース終了時に到達目標に達していなければ、「契約違反だ」と言われてしまうかもしれません。コース開始後も計画したように進んでいるのか、おりおりにチェックして見直すことが必要です。

　ここでは、Plan（コースデザイン）、Do（研修実施）、Check（評価）、Action（改善）のPDCAで考えてみましょう（見直しをする際の考え方として「ADDIEモデル^注」なども参考になります）。

　コースの途中での「評価」ですが、これには、いろいろな方法があるでしょう。コースに何か問題はないのか、受講者、企業の担当者、担当講師に聴き取りを行ったり、受講者の日本語力が到達目標に向けて着実に伸びているのか、中間の日本語力評価を行ったりすることもあります。また、コースの途中で、受講者の状況が変わることもあります。担当業務が変わり、コースの目指す日本語力が必要ではなくなってしまうなどです。いずれにしても、設定した到達目標が受講者に適さないものになった時には、見直しが必要です。

　見直しをするためには、通常から、企業の担当者とこまめにやりとりをしておくことが大切です。定期的に研修の様子を報告しておくと、問題が大きくなる前に見直しが可能となりますし、担当者も見直しが必要であることを納得してくれると思います。また、見直しをする時は、説得力のある理由を示さなければなりません。「欠席が多かったこと」「授業外での学習時間が確保できていないこと」など、研修の記録（レポートなど）があれば、それを見せることもできます。

....

注）PDCAサイクルを教育という枠組みに取り入れたフレームワーク。Analysis（分析）、Design（設計）、Development（開発）、Implementation（実施）、Evaluation（評価）

③ コースデザイン作成上の注意点

① まずは叩き台を提出し企業とつながる

　新しく日本語研修を始めようとする時には、企業は多くの日本語教育機関に問い合わせをしていることが多いです。自分たちのところだけにピンポイントでということは、ほとんどありません。つまり、素晴らしいプランを出そうと、第1回目の提出までにあまりにも時間をかけ過ぎてしまうと、提出した時点では、すでにほかの講師に決めてしまったということもよくあります。問い合わせの段階でもらえる情報は少ないので、まずは「叩き台」でいいのです。最初からあまりにたくさんの質問を投げかけてしまうと、担当の人が戸惑ったり、面倒に感じたりすることもあります。まずは、叩き台を出して、企業とつながることが重要です。

② 企業担当者とのやりとりを通して仕上げる

　企業とつながることができた後は、何回ものやりとりを繰り返してコースを作っていくことになります。先に述べたとおり、企業の担当者は日本語教育には詳しくないわけですから、こちらの意図していることが伝わりにくかったり、私たちが求めている情報がなかなか手に入らなかったりすることもあります。そんな時も、あきらめずに丁寧にコミュニケーションを取ることを心がけたいと思います。私たちも企業の状況はわからないので、教えてもらうこともたくさんあります。一緒に外国籍社員をサポートしていくという気持ちを持って、担当者といい関係を築き、共にコースを作っていく体制が作れるといいでしょう。

　ビジネス日本語研修のコースデザインで一番重要なことは、受講者が必要としている日本語が何なのかをきちんと把握することです。学習者が必要としている日本語を考える時には、学ぶ人の視点だけでなく、企業（学ばせる人＝お金を払う人）の視点も重要です。自分がいいと思うものではなく、相手が望む（望

むだけでなく、相手の条件に合う）コースを作りましょう。そのためには、企業担当者といかに上手にコミュニケーションを取れるかがポイントとなります。

column

アーティストという仕事

　これまでにいろいろな案件に携わってきましたが、その中でも特に印象的で、なかなか携われない貴重な学習者がいました。芸能活動をしている、二人の韓国人アーティストでした。依頼は、彼らの所属する事務所の経営者からで、彼らを日本でデビューさせるために日本語を上達させるのが目的でした。二人に会ってレベルチェックをした際、かなりこなれた日本語を使うことができ、日常会話にはほぼ困らないレベルでした。先方の事務所の一室で、どのような目的で日本語を上達させたいかという聴き取りを会社にも彼らにもしたところ、舞台での「自己紹介」「曲紹介」、歌詞を韓国語から日本語に翻訳する手伝い、ラジオでのインタビューの回答に対応するなどでした。二人の関係は良好でした。ただ、それぞれの得意分野が異なっていました。一人は比較的論理的に学ぶ学習者であったのに対し、もう一人は感覚で学ぶ学習者でした。論理的に学ぶ方が、感覚的な方に母語で説明してくれる時はとても助かりました。それぞれが兵役で芸能活動を休止するまでの約2年間授業をすることができました。今でも忘れられない特別なニーズに対応する日本語研修でした。

コース案 1　　ビジネス日本語・マナー・日本事情・企業文化／中上級

＊同一クライアントの中上級クラスが「コース案1」、上級クラスが「コース案2」です。そのため記述内容が一部重なっています。

企業（総合エレクトロニクスメーカー企業）からの要望

- 4月に行われる新入社員研修（日本人との合同）で困らない日本語力の養成と配属後のコミュニケーション力を養ってほしい。日本の企業文化について理解してほしい。
- プライベートレッスン　週1回〜2回（50分）×18回
  グループセッション　100分×3回
- オンラインで実施

受講者について

- 内定者、多国籍約80名（中上級クラスと上級クラスを合わせて）
- N2〜N1以上レベル
- 内定者として入社前日本語研修を受講。研修では、ビジネス日本語、ビジネスマナー研修を実施。

到達目標：本コースは、『改訂版 留学生・日本で働く人のためのビジネスマナーとルール』を主軸に外国籍内定者が入社後、会社で困らないためのビジネス日本語力を養い、日本のビジネスマナーや企業文化を理解することを目的としている。

授業内容：テキストを材料にしながら、話し合いを中心にした授業を実施する。中上級レベルの受講者は、日本語で自己表現を十分にするために不足している語彙や表現を増やしていってもらう必要がある。同時に、話し合いを通して理解を深め、自分ならどうするか、ほかの人はどうするかについて考えてもらう。またその中で、新しい語彙や表現を学んでもらう。

テキスト：『改訂版 留学生・日本で働く人のためのビジネスマナーとルール』
日本能率協会マネジメントセンター

＊GS：グループセッション

	テキスト・内容	理解ポイント	ロールプレイ・練習
1	自己紹介	1. 自己紹介で話すこと 2. 自己紹介で大切なこと	自己紹介
2	1章1節 日本人と働く心がまえ	1. 異文化の中で働くこと 2. 日本の会社の制度	
3	4章1節 ウチとソトの関係	1. ウチとソト 2. 職場でのウチとソト　など	
4	5章1節 敬語の使い方	1. 敬語の役割 2. 敬語の基本	
5	2章1節 時間厳守	1. 時間に対する考え方 2. 就業時間の考え方　など	
6	2章2節 就業時間	1. 就業時間 2. 昼休み・休憩時間　など	
7	2章4節 あいさつ	1. 社内でのあいさつ 2. 場面で異なる社内でのあいさつのことば　など	お客様の会社に初めて訪問したときのあいさつ
8	3章4節 退社時のマナー	1. 退社する時間 2. 退社するときのあいさつ　など	退社するときの会話
GS	4章3節 仕事に役立つ雑談	1. 仕事以外の話題 2. 訪問先での雑談　など	初めて会う取引先の担当者との敬語の雑談
9	1章7節 配慮のある話し方	1. 配慮ある話し方 2. いろいろなクッションことば　など	クッション言葉 上司に休暇の依頼をする
10	2章6節 報告・連絡・相談	1. 報告・連絡・相談（ホウレンソウ）の基本 2. 報告の仕方と注意点　など	報連相で使う表現
11	1章8節 話の進め方	1. 話が伝わらない理由 2. 依頼の3ステップ　など	依頼、断り、反対意見の表現
12	3章1節 話を聞くとき	1. 聞いていることの合図 2. 聞いているときの表情・動作	相槌を入れた会話
13	3章2節 指示を受けるとき	1. 指示の受け方 2. 指示の確認の仕方　など	
14	3章3節 注意を受けたとき	1. 日本人にとっての謝罪の意味 2. 「すみません」の意味　など	注意・クレームを受けたときの対応

GS	1章6節 チームワーク	1. チームワークの考え方 2. チームワークの心がまえ　など	
	1章1節 日本人と働く心がまえ （復習）	1. 異文化の中で働くこと 2. 日本の会社の制度	
15	1章5節 身だしなみ	1. 身だしなみの重要性 2. 身だしなみの基本　など	
16	2章8節 ハラスメント	1. ハラスメントの意味 2. ハラスメントの種類　など	
17	2章7節 情報管理	1. 情報管理の必要性 2. 個人情報の保護に関する法律　など	
18	5章7節 電話を受けるとき	1. 電話を受ける心がまえ 2. 電話を受ける準備　など	敬語、ウチソトの まとめ オンラインでの身 だしなみ
	5章8節 電話をかけるとき	1. 電話をかける心がまえ 2. 電話をかける準備　など	
	2章3節 テレワーク	1. オンライン会議をする心がまえ 2. オンライン会議の時の注意点	
GS		プレゼンテーション	
	評価	各人の「個人カルテ」作成。研修開始前、終了後に、オンラインテスト（選択式）、インタビューテストを実施。インタビュー終了後、「個人カルテ」に記入して提出	

レッスンを進める上での注意点

　テキストをただ順番に進めるのではなく、受講者に必要だと考えられる項目を優先して選択します。授業スタイルは、基本的に講師と受講者とのマンツーマンレッスンのため、必要なところを抜き出して、その受講者のニーズに応じた授業をします。ただ、同僚とのやりとりも大切であるため、グループセッションを3回設け、グループ活動をする機会を作り、最後は、個人のプレゼンテーションをグループで行います。なお、グループセッションは中上級クラスと上級クラスの混合クラスで実施します。

　中上級クラスの学習者は、日本語で自己表現を十分にするために不足している語彙や表現を、教科書の内容と教師との話し合いを通じながら増やしていく必要があります。同時に、話し合いを通じて理解を深め、自分ならどうするか、ほかの人はどうするか考え、その中で新しい語彙や表現を学んでもらいます。そのため、中上級では、一つのテーマに1コマ（50分）かけて、じっくりと授業を行います。

⊏ 企業（総合エレクトロニクスメーカー企業）からの要望

- 4月に行われる新入社員研修（日本人との合同）で困らない日本語力の養成と配属後のコミュニケーション力を養ってほしい。日本の企業文化について理解してほしい。
- プライベートレッスン　週1回〜2回（50分）×10回
  グループセッション　100分×3回
- オンラインで実施

⊏ 受講者について

- 内定者、多国籍約80名（中上級クラスと上級クラスを合わせて）
- N1レベル以上
- 内定者として入社前日本語研修を受講。研修では、ビジネス日本語、ビジネスマナー研修を実施。

到達目標： 本コースは、『改訂版 留学生・日本で働く人のためのビジネスマナーとルール』を主軸に外国籍内定者が入社後、会社で困らないためのビジネス日本語力を養い、日本のビジネスマナーや企業文化を理解することを目的としている。

授業内容： テキストを材料にしながら、話し合いを中心にしていく授業を実施する。上級レベルの受講者であるため、日本語の知識を学ぶというよりは、話し合いを通して理解を深め、自分ならどうするか、ほかの人はどうするかについて考えてもらう。

テキスト： 『改訂版 留学生・日本で働く人のためのビジネスマナーとルール』
日本能率協会マネジメントセンター

＊GS：グループセッション

	テキスト・内容	理解ポイント	ロールプレイ・練習
1	自己紹介	1. 自己紹介で話すこと 2. 自己紹介で大切なこと	自己紹介
	1章1節 日本人と働く心がまえ	1. 異文化の中で働くこと 2. 日本の会社の制度	

2	4章1節 ウチとソトの関係	1. ウチとソト 2. 職場でのウチとソト　など	
	5章1節 敬語の使い方	1. 敬語の役割 2. 敬語の基本	
3	2章1節 時間厳守	1. 時間に対する考え方 2. 就業時間の考え方　など	
	2章2節 就業時間	1. 就業時間 2. 昼休み・休憩時間　など	
4	2章4節 あいさつ	1. 社内でのあいさつ 2. 場面で異なる社内でのあいさつのことば　など	お客様の会社に初めて訪問したときのあいさつ
	3章4節 退社時のマナー	1. 退社する時間 2. 退社するときのあいさつ　など	退社するときの会話
GS	4章3節 仕事に役立つ雑談	1. 仕事以外の話題 2. 訪問先での雑談　など	初めて会う取引先の担当者との敬語の雑談
5	1章7節 配慮のある話し方	1. 配慮ある話し方 2. いろいろなクッションことば　など	クッション言葉 上司に休暇の依頼をする
	2章6節 報告・連絡・相談	1. 報告・連絡・相談（ホウレンソウ）の基本 2. 報告の仕方と注意点　など	報連相で使う表現
6	1章8節 話の進め方	1. 話が伝わらない理由 2. 依頼の3ステップ　など	依頼、断り、反対意見の表現
	3章1節 話を聞くとき	1. 聞いていることの合図 2. 聞いているときの表情・動作	相槌を入れた会話
7	3章2節 指示を受けるとき	1. 指示の受け方 2. 指示の確認の仕方　など	
	3章3節 注意を受けたとき	1. 日本人にとっての謝罪の意味 2. 「すみません」の意味　など	注意・クレームを受けたときの対応
GS	1章6節 チームワーク	1. チームワークの考え方 2. チームワークの心がまえ　など	
	1章1節（復習） 日本人と働く心がまえ	1. 異文化の中で働くこと 2. 日本の会社の制度	
8	1章5節 身だしなみ	1. 身だしなみの重要性 2. 身だしなみの基本　など	
	2章8節 ハラスメント	1. ハラスメントの意味 2. ハラスメントの種類　など	

9	2章7節 情報管理	1. 情報管理の必要性 2. 個人情報の保護に関する法律　など	
	4章8節 派遣・出向	1. 派遣と出向 2. 派遣先・出向先のマナーとルール	
10	5章7節 電話を受けるとき	1. 電話を受ける心がまえ 2. 電話を受ける準備　など	敬語、ウチソトのまとめ オンラインでの身だしなみ
	5章8節 電話をかけるとき	1. 電話をかける心がまえ 2. 電話をかける準備　など	
	2章3節 テレワーク	1. オンライン会議をする心がまえ 2. オンライン会議の時の注意点	
GS		プレゼンテーション	
	評価	各人の「個人カルテ」作成。研修開始前、終了後に、オンラインテスト（選択式）、インタビューテストを実施。インタビュー終了後、「個人カルテ」に記入して提出	

レッスンを進める上での注意点

　テキストをただ順番に進めるのではなく、受講者に必要だと考えられる項目を優先して選択します。授業スタイルは、基本的に講師と受講者とのマンツーマンレッスンのため、必要なところを抜き出して、その受講者のニーズに応じた授業をします。ただ、同僚とのやりとりも大切であるため、グループセッションを3回設けグループ活動をする機会を作り、最後は、個人のプレゼンテーションをグループで行います。なお、グループセッションは中上級クラスと上級クラスの混合クラスで実施します。

　上級クラスの学習者は、日本語力そのものは、日本人同僚とほぼ対等にコミュニケーションが取れるレベルですが、職場における日本の企業文化の知識や考え方、振る舞いなどにはまだ理解に不足があるため、50分で1節をじっくり学んでもらうのではなく、50分で関連のある2節をその学習者に必要なところを取り上げて、ディスカッション中心で行う授業スタイルです。もちろん新しく学ぶ語彙や表現もありますが、中上級の学習者ほどではありません。日本語力が高いだけでは会社でうまくやっていくことができないことを、本コースを受けながら学んでもらいます。中上級コースには含めていない4章8節「派遣・出向」は、依頼元の企業では、企業内派遣や出向が数年後に起こりうるということで、上級コースでのみ取り入れることにしました。

コース案 **3**

⌐⊏ 企業（IT企業）からの要望

- 社内公用語は英語なので、仕事では日本語は不要。日本の生活に役立つ日本語を身に付けてほしい（日本語ができないと、日本での生活にストレスを感じて、ほかの国に行ってしまう＝会社をやめてしまう、可能性がある）。
- グループレッスン　週1回（90分）×12回　就業時間後に実施
- オンラインで実施

⌐⊏ 受講者について

- 来日1年未満の社員（20代、エンジニア）、多国籍5名
- 日本語学習歴はバラバラ。単語レベルや簡単な文を作って、なんとか自分のことを話したり、日常の買い物をしたりすることなどができる。

到達目標： 簡単な日本語を使ってまわりの日本人と話すことができる。
　　　　　　「誰かと日本語で話せる＝楽しい！」が実感できる

授業内容： 1. トピック会話導入　　文法については媒介語となる英語を使って効果的に指導
　　　　　　　　「家族」「食べ物」などトピックに基づいた会話練習を行う。レッスン中は『まるごと かつどう』を使用して、「話す」ことを中心に練習を行い、文法や表現については『まるごと りかい』を使って適宜練習する。

　　　　　　2. 実践応用会話　　「日本人と話せる＝楽しい」を実感する
　　　　　　　　レッスンで扱ったトピックについて、まわりの日本人と会話をしたり、インタビューを行ったりして、日本語でコミュニケーションが取れることを実感する。（実施報告シートを提出する。）

　　　　　　3. 文字　　「読める＝楽しい」を実感する
　　　　　　　　身のまわりの漢字が認識できるようにする。
　　　　　　　　毎週、一人一つずつ自分の身のまわりでよく見かける漢字の写真を撮ってきて紹介する。（意味や読み方についてはレッスン中に講師が補足説明する。）

テキスト：『まるごと 日本のことばと文化　入門A1　かつどう』三修社

	授業内容	内容（Can Do）	実践応用会話
1	自己紹介と あいさつ	新しいクラスのメンバーに自分のことが簡単に紹介できる	
2	家族	自分の家族について話せる	家族について話す
3	食べ物	好きな食べ物について話せる ほかの人に食べ物や飲み物をすすめられる 昼ごはんをどこで食べるか決められる	朝ごはんの習慣について話す
4	部屋	部屋について話すことができる 自分の家に招待するメールが書ける	どんな部屋に住んでいるのか話す
5	一日の生活	一日の生活について簡単に話せる	一日の生活について話す
6	一週間の予定	一週間のスケジュールを簡単に話せる	来週の予定について話す
7	趣味	趣味について話せる 休みの日に何をするか話せる	週末に何をするか話す
8	イベント	イベントについて行くかどうか話せる イベントに友だちを誘える	どんなイベントがあるのか聞く
9	出かける	目的地までどうやって行くか話せる 今、自分がどこにいるか電話で話せる 店などの営業時間が読める	おすすめの場所とその行き方を聞く
10	買い物	買いたいものについて話せる どこで買えるか聞ける	買いたいものがどこで買えるか聞く
11	旅行	旅行の感想が言える 次の旅行はどこに行きたいか言える	旅行について話す
12	まとめ	今までのトピックから一つ選び発表する	
	評価	日本語力についての評価はなし 研修終了時に、本研修についてのアンケートを実施し報告書として提出	

レッスンを進める上での注意点

　初級者のクラスでは、「時間や場所を尋ねる」「買い物をする」などのトピックで教えることが多いですが、時間や値段は、「見ればわかる」ものも多く、また最近はスマートフォンのアプリを使うことで解決できることも多いです。では、受講者はどんな日本語がわかれば、日本での生活に役立つ（ここでは日本で楽しく生活できる）のかと考えると、それは日本人と日本語でコミュニケーションが取れることだと考えました。

　文字についても、ひらがなを覚えても、実際の生活で「読める＝楽しい」にはつながりません。文字を書く必要はないので、「読める＝楽しい」が実感できる漢字を取り上げることにしました。

　本コースは、受講者がストレスなく学習を進められるように、媒介語（英語）を効果的に使える講師が担当しました。また、「大人」である受講者は、「日本語」だけでなく、日本で生活をする中で、さまざまな疑問を感じています。こうした疑問を取り上げ、受講者同士がお互いの経験を話し合う時にも共通語として英語を使用してもらいました。レッスンで媒介語を使用する場合は、メリハリを付けることも重要なポイントです。「日本語レッスンに参加しても英語ばかり」と思われてしまうことのないように、「ここからは日本語で言ってみましょう」のような使い分けも意識する必要があります。

コース案
4

⊏ 企業（建設業）からの要望

- 社内にはベトナム語がわかる人がほとんどいないので、同僚の指示がきちんと理解できるようになってほしい。社内メールが理解できるようになってほしい。
- グループレッスン　週1回（90分）×12回　就業時間後に実施
- 対面で実施　会議室には、PC、モニター、Wi-Fi など有

⊏ 受講者について

- 来日1年以内の社員、設計業務、ベトナム人4名（男性のみ）
- 現地の日本語学校で勉強し、N3合格後来日。ビジネス日本語のテキストは使ったことがない。
- 専門用語などはある程度理解できているようだが、話すことは苦手。発音、イントネーションに癖があり、聞き取りにくい。
- まわりの日本人とは「日本語」のみで、ほかの外国語は使わない。社内の打ち合わせなどに出席することもある。

到達目標： 会社で話される身近な場面や話題の日本語を理解し、社員と円滑なコミュニケーションが取れる。

授業内容：

①会話　1.「許可」「依頼」など機能別に、職場で遭遇する場面に合った適切な日本語表現を練習する。　仕事をするための知識として必要

　　　　2. 場面や相手に応じた話の進め方を学ぶ。　円滑なコミュニケーションに必要

　　　　3. ロールプレイを通して、言語だけでなく、態度や表情にも配慮した自然なやりとりを練習する。ロールプレイはビデオ撮りしてフィードバックを行う。

②発音　日本人が聞き取りやすい発音を身に付けるためのコツを習得する。（イントネーションに着目）発音が悪いと日本語力を低く見られがち

　　　　音読、シャドーイングなどは自宅学習とし、授業内で確認する。

テキスト： 会話『にほんごで働く！ ビジネス日本語30時間』 スリーエーネットワーク
　　　　　発音『新・シャドーイング 日本語を話そう！ 初〜中級編』 くろしお出版

	トピック	内容（Can Do）	発音練習
1	自己紹介をする	場面に応じた自己紹介ができる	日本語の発音の特徴 自宅学習の方法
2	許可をもらう	自分の状況をきちんと伝えたり、許可をもらったりする表現がわかる 許可をもらう時のストラテジーが理解できる	自宅学習の指示と確認
3	許可をもらう	状況に合わせ許可をもらうことができる	自宅学習の指示と確認
4	注意を受ける・おわび	婉曲的な注意が理解できる おわびを言う時のストラテジーが理解できる	自宅学習の指示と確認
5	注意を受ける・おわび	注意やアドバイスを受けた時に対応することができる	自宅学習の指示と確認
6	依頼をする・断る	依頼をする時、断る時のストラテジーが理解できる	自宅学習の指示と確認
7	依頼をする・断る	相手の都合を考え丁寧に依頼することができる 依頼に対して、感じよく断ることができる	自宅学習の指示と確認
8	誘う・誘いを受ける・誘いを断る	社内の人に声をかけ、昼ごはんなどに誘うことができる	自宅学習の指示と確認
9	誘う・誘いを受ける・誘いを断る	自分の誘いを断られた時、それを理解し、対応できる 誘いに対して、感じよく断ることができる	自宅学習の指示と確認
10	意見を言う	意見を言う時のストラテジーが理解できる	自宅学習の指示と確認
11	意見を言う	自分の意見を感じよく伝えることができる	自宅学習の指示と確認
12	まとめ	ロールプレイ復習 「研修で気づいたこと」などまとめ	
	評価	研修開始前、終了後に、インタビューテストを実施 インタビュー終了後、報告書として提出	

　会社からの要望にあった社内メールの対応は、このタームに入れるには無理があるので、ここには入れず、次のタームへとつなげることにしました。このコースで感じのいいコミュニケーションが取れる力を身に付けることができれば、メールの内容なども、同僚に教えてもらうことができると考えました。

　受講者は仕事の都合で遅刻や早退、また休むことも多いです。休んでしまうと、次の授業に参加してもわかるのか不安になり、そのまま脱落してしまうことも多いので、レッスン内容はなるべく1回完結型にしておき、休んだ翌週も参加しやすくなる工夫をしました。

　テキストについては、すべて扱う必要はなく、必要な内容を取捨選択しました。テキストには、電話の会話がありますが、受講者がこの時点で電話に出る必要はないと考え、カットしました。一方で、社内の打ち合わせに出席する際、反対意見などを強い言葉で言って誤解されないように、「意見を言う」という項目を入れました。

　最終回は、新しい項目を導入せず、研修のまとめの回にしています。人事担当者なども呼んで研修の成果を見せるなど、継続に向けたアピールもできる回です（逆効果にならないように準備が必要）。また、研修全体のふりかえりで出た受講者のコメントは、企業への報告の際の参考となり、継続研修へつながる可能性もあるので、聞きっぱなしにせず、メモを取りまとめておきます。

コース案
5

⊏ヿ 受講者からの要望

● 職場で自信を持って日本語を話したい。さまざまなシーンで使える基本の型とバリ
エーションを知りたい。会議の場面や同僚に伝えたいことを日本語で説明できるよ
うになりたい。
● グループレッスン　週1回（90分）×26回　就業時間後にオンラインで実施
● 社内公用語は日本語と英語。企業からの要望は受講者の望むものを教えてくれれば
いいとのこと。

⊏ヿ 受講者について

● 多国籍8名、来日1年～10年、入社後1年～5年の社員（20～40代、プログラマー）
● 日本語学習歴はバラバラ。中には日本の大学院（情報工学）を終えた人、アニメや
SNSで覚えた人、自国でテキストで学んだ人などがいるが、日本語学校や大学で
体系的に学んだ人はいない。
● 日常生活で日本語に不自由はしていない。積極的にコミュニケーションを取るタイ
プの人は少ないが、全員、休まず出席している。

到達目標：ビジネス場面における実践的なコミュニケーション能力を高める。
　　　　　　参加したいコミュニティの場面でも可

　　　　社会言語能力　通常よく使われる表現で、相手や状況に合わせ、伝えたい
　　　　　　　　　　　ことを表現することができる
　　　　異文化理解　　習慣や態度など、日本と自国の文化の違いについて理解し、
　　　　　　　　　　　配慮して行動することができる
　　　　談話構成　　　ビジネス場面でよくある話題や状況なら、双方の心理的負
　　　　　　　　　　　担が少なく会話することができる
　　　　語彙表現力　　一般的なビジネス場面で用いられる基本的語彙表現、ビジ
　　　　　　　　　　　ネス用語を適切に使うことできる

授業内容：

①読解　　ビジネス文化や背景にある日本文化についての理解を深める。
　　　　　・本文については、必要に応じて質問により理解を促す。
　　　　　・文中の語彙・表現については、各自使えそうな例文を作ってもらい、理
　　　　　　解しているか確認する。

②会話　　実践的なコミュニケーション能力を身に付ける。
　　　　　・二人ずつ、ブレイクアウトルームに分かれ、順を追って話す練習をする。
　　　　　・A、Bと役を変えてロールプレイをする。（会話の中で自分たちの状況・
　　　　　　条件に変えてもいい）

---

③**ケース**　　自分なりの対処方法を考える習慣を身に付ける。

　スタディ　・具体的な事例の問題点を探し、解決策や対処法について自分で考えたり、
　　　　　　　　意見交換をしたりする。毎回交代で司会役を務める。

④**書く**　　　テーマと自分の状況に合わせてロールカードを作る。

テキスト：『外国人のためのケーススタディで学ぶビジネス日本語 中級』

スリーエーネットワーク

教　　材：改まった表現・敬語表現など表現のバリエーションのハンドアウト

	内容	Can Do	雑談テーマ
1	ガイダンス ビジネス用語 敬語の復習	このコースの目標・内容とテキストの使い方について理解できる ビジネス場面でよく使う用語を適切に使うことができる　ほか	既習の「アイスブレイクにふさわしい雑談」
2	依頼	依頼の表現を覚え、なめらかに言うことができる 依頼を受ける時と断る時の表現を覚え、なめらかに言うことができる　ほか	依頼されて困った経験
3 4	アポイントメント	アポイントを取る時の表現を覚え、なめらかに言うことができる 会話のはじめから、流れに沿って会話を終わることができる　ほか	アポイントメント時の不安
5 6	謝罪	相手や場面により謝罪の表現を使い分けることができる 謝罪の後に今後どうするか伝えることができる　ほか	同僚のミスの場合、お客さんへ何と言うか
7 8	感謝	相手や場面により感謝の表現を使い分けることができる 感謝された時に適切な表現を使い受け答えすることができる　ほか	感謝の表現の違い
9 10	自己紹介 他者紹介	自己紹介と他者紹介の順序を理解し、行うことができる 初対面の紹介の後に、適切な話題で雑談することができる　ほか	名刺交換で不安なこと
11 12	あいさつ	場面によって、適切なあいさつを使い分けることができる 場面によって、適切なお辞儀を使い分けることができる　ほか	自国でのあいさつとの違い
13 14	誘い	会話の流れを意識して、誰かを誘うことができる 相手を嫌な気持ちにさせず、誘いを断ることができる　ほか	誘われてうれしかったこと、困ったこと

15 16	指示	指示を受けながら、５Ｗ１Ｈを意識して正確にメモを取ることができる 指示された時に、不足情報を質問することができる　ほか	メモ取りの意義
17 18	報告	会話の流れを意識して、上司に報告することができる 結論から先に述べ、簡潔に報告することができる　ほか	どんな時に報告をするか
19 20	申し出	会話の流れを意識して、誰かに申し出ることができる 相手を嫌な気持にさせず、申し出を断ることができる　ほか	手伝いの申し出をした、できなかった経験
21 22	許可	会話の流れを意識して、許可を求めることができる 相手を嫌な気持にさせず、許可せず断ることができる　ほか	日常生活で許可を求めた経験
23 24	意見交換	相手の意見に賛成することができる 根拠を述べ、説得力のある反対意見を言うことができる　ほか	「クッション言葉」って何？
25 26	プレゼンテーション	ペアになって、テーマ会話を作り、演じることができる 表現だけではなく、話し方、動作、表情にも気を付け、感じのいいコミュニケーションを取ることができる　ほか	
	評価	なし（企業側への報告義務は出欠のみ） クラス全員によるフィードバック（良かった、参考になった、面白かった発表を、理由を含めシートに記入）	

🔗 レッスンを進める上での注意点

　実際のコミュニケーションを意識して、会話するように指導します。表情や動作、態度、声の大きさなどによって適切なコミュニケーションになるよう、ノンバーバル・コミュニケーションも合わせて指導します。

　受講者の専門分野の語彙・表現は特に提示していませんが、授業の中で徐々に「ウチの会社ではこういう言葉を使っている」という発言があります。

　最終日のプレゼンテーションは、直属の上司や取締役への学習成果の披露の場でもあります。参加者には受講者が作成したロールカードを共有しておきます。

企業（電機メーカー）からの要望

- 自分に来たメールに対して、適切な対応ができるようになってほしい。返信が遅れた際などおわびの一文を入れるなど、マナーも身に付けてほしい。
- グループレッスン　週1回（120分）×4回　土曜日の午前中
- 会社の研修センターで対面実施（PC、プロジェクター、Wi-Fi など使用可）

受講者について

- 入社1年目社員、多国籍10名
- N4〜N3 レベル
- 来日後全員同じ日本語研修を受講。研修では、ビジネス文書やメールの基本を学習済み。

到達目標：社内メールを理解し、適切な対応が取れるようになる。

授業内容：1. メールの書式を確認する。

2. 多くのメールに触れ、ポイントをつかむコツ（キーワード）を身に付ける。

3. 出席への返事、案内メールなど、基本的なメールを作成する。
   ・メールは実際にやりとりを行う。フィードバックは、プロジェクターを使って全員で共有する。
   ・メール文中にわからない言葉があった場合は、インターネットの翻訳機能なども積極的に活用する。

4. メール作成上のマナーを学ぶ。
   ・読み手に配慮した書き方や表現を学ぶ。

テキスト：『仕事で使う！日本語ビジネス文書マニュアル』　アスク出版
　　　　　※来日後研修で使用して受講者が持っているもの

参　　　考：『しごとの日本語　メールの書き方編』　アルク
　　　　　『BJT ビジネス日本語能力テスト 読解 実力養成問題集 第2版』
　　　　　　　　　　　　　　　　　　　　　　　　　　スリーエーネットワーク
　　　　　『イラッとされないビジネスメール 正解 不正解』　サンクチュアリ出版
　　　　　　　　　　　　　　　　　　　　　　　　　　　　　　　　　など

	各回の授業内容	内容（Can Do）	宿題
1	メールの書式確認 キーワードの確認 メール作成 ・出欠の返信 ・添付のあるメール	メールの書式が理解できる キーワードになる接続詞が理解できる 送られてきた会議案内への出欠の返信ができる	接続詞の問題
2	さまざまなメールを読む メール作成 ・案内文	メールを読んで、何が求められているのかが理解できる 箇条書きができる 会議案内のメールが作成できる	箇条書き、体言止めなどの問題
3	読み手の立場に立ってメールを見直す	なぜ読みにくく感じるのかが理解できる 上手なタイトルの付け方がわかる 失礼に感じる書き方が理解できる	断りのメール作成
4	配慮のある表現 ・間接的な表現 メールのマナーの確認 テンプレートの活用 実践例3（p.119）参照	婉曲的な表現が理解できる（催促や断りなど） 配慮ある表現を使ってメール作成ができる CCやBCCの使い分けが理解できる ネット上のテンプレートを活用してメールが作成できる	
	評価	各回の作成物に対する評価、参加態度などをレポートにまとめて、終了後に報告。	

◉ レッスンを進める上での注意点

　受講者が返信をするもとになるメール文は、参考テキストとして挙げたものなどを参考にして、なるべく受講者の実情に近いものを作成します。

　受講者の作成物（ここではメール）をどう扱うかは、いろいろな方法が考えられます。たとえば、研修中に講師が一人一人にフィードバックを行う（待っている受講者をどうするかを考えておく必要あり）、講師が持ち帰って、添削を行い次回フィードバックを行う（今回のような1週間に1回の研修では、自分がどんなメールを作成したのかなど忘れてしまう可能性がある）などです。
　今回は、その場ですぐに添削を行いました。記憶の新しいうちにフィードバックをもらうこと、また、他人の作成物から学ぶことは多く、効果的だったと思います。

　テンプレートを上手に活用することが業務を効率よく進めるためには必要となるので、最終回ではテンプレートを使用し、どうアレンジするかを取り入れました。

コース案
7

＊4回目の実際の授業は授業実践例13（p.142）参照

⊏ 企業（コンサルティング業）からの要望

- 取引先対応が求められる技術専門職の発音を改善し、今後自力で改善していける力を付けてほしい。
- グループレッスン　120分×4回。就業時間内だが、研修を最優先業務として扱う。原則として欠席不可。カメラオン・マイクオフ（指名時のみオン）で参加。
- オンラインで実施
- 課題提出は、録音課題の提出はWeChatへ、ほかは社内指定フォルダに格納。

＊WeChatは中国版LINEとも言えるメッセンジャーアプリ。

⊏ 受講者について

- エンジニア、中国人20名
- N2～N1合格者、来日3年～10年（来日以降日本語学習を中断していた）
- 定例会議での日本語は理解できるが、発話に苦手感があり発言は消極的。
- 発音、イントネーションに癖があり、聴き手の負担が大きく、聞き返されることも多い。

到達目標： 聴き手の負担が少なく誤解されないレベルまで発音の癖を正す。
　　　　　　同僚の助けを借りずに取引先に正しく意図が伝わる発音を身に付ける。
　　　　　　ソフトで感じのいい話し方ができるようになる。
　　　　　　自分の発音を客観的に聴き、自力で改善できるようになる。

授業内容： ・日本人が聴き取りやすい発音やイントネーションを身に付ける。
　　　　　　・聴く力を付け、自分の欠点を見付け、発音矯正できるようになる。

事前課題： 予習：教科書範囲内の語彙・表現は予習し、発音練習をしておく。
　　　　　　提出：音声録音はWeChatへ。作文はWordで作成し、社内担当者の指定フォルダへ提出。

テキスト：『伝わる発音が身につく！ にほんご話し方トレーニング』アスク出版

教　材：「つたえるはつおん」サイト　https://www.japanese-pronunciation.com/jpn/

	内容	予習	事前提出物
1	■ ガイダンス（コースのルール確認） ■ 発音の基本ルール4つ ・区切りと「へ」の形／山型と丘型のフレーズ／4種類のアクセント／フットとリズム ・拗音／母音／母音の無声化 ■ まとめ	発音練習（1日10分）	① 自己紹介文を書く ② ①を録音 　満足できるまで練習し提出
2	■ アイスブレイク（口慣らし） ■ 清音と濁音／促音／撥音　など ■ 品詞別アクセント① ・複合名詞／動詞／形容詞 ■ 「つたえるはつおん」サイトの使い方 ■ まとめ	発音練習（1日10分） 録音し、CD音声と比較し、自己分析する ↓ 練習を重ねる	① 会議の表現（5文）提出 ② P.91とP.93録音 ③ CD音声と比べ自己分析し、録音し直す <small>自己分析は、効果的学習法を自ら見付ける第一歩</small>
3	■ アイスブレイク（口慣らし） ■ 品詞別アクセント② ・敬語／外来語／オノマトペ／同音異義語 ■ 文末イントネーションで意図を表す 「いいよ」「〜じゃない」「そうですか」 ・敬語 ■ まとめ	発音練習（1日10分） 録音し、CD音声と比較し、自己分析する ↓ 練習を重ねる	① P.90-91を全文録音 ② P.94-95を全文録音
4	■ アイスブレイク（口慣らし） ■ まとまりのある発話 ・インタビュー／プレゼンテーション／ディベート／ディスカッション ■ 仕事でよく使う表現 ・外来語／会議で使う表現／敬語表現 ■ コースのまとめ ・ふりかえり／気付き（自己分析、今後の課題） ・講師より	発音練習（1日10分） 弱点再確認 「つたえるはつおん」サイト 「発音クイズ10問」 → 自分の弱点を知る	①『発音強化コースを終えて』をテーマに10行以内の作文を提出 ② ①を録音
評価	受講者の気付き：「できるようになった発音・まだできない発音」「今後の課題と努力目標」を話す 講師からのフィードバック（一人ずつ：上達したこと、今後練習を重ねるべきポイントと練習法）		

レッスンを進める上での注意点

　受講期間は3カ月ほどですが、実際に授業があるのはたったの4回です。成果を出すため、毎日10分の発音練習（リピーティング⇒シャドーイング⇒オーバーラッピング）と課題範囲を録音し提出することを受講条件としました。その間、くじけないよう、講師からは、練習しているか、自己分析しているかなど、週2回ほどWeChat内で声掛けをしていきました。

　1回目と2回目のレッスンのフィードバックは各自CDの模範発音と自分の発音を聴き比べ、練習を重ねるよう伝えるにとどめました。音声録音、提出された受講者の発音には、3回目のレッスンで初めてフィードバックしましたが、ここでは、一人一人確認すべき発音のみ指摘しました。講師は、いつまでもそばにいられるわけではありません。研修が終わったら自分で聴いて自力で直していかなければならないので、自己分析の力を付けてもらいたかったからです。

　社内業務上の都合で、3回目と4回目の間が空いてしまうので、4回目受講前の課題は提出の締め切りを2度に分け、提出まで十分に自主練習を重ねられるように工夫しました。

　受講者の業務や予算の都合上、受講時間が少なく、結果を出さなければならない場合は、それをどう補うか考えましょう。

⊏ 専門学校からの要望

- 日本の社会で暮らす社会人として身に付けておいた方がいいマナーや、社会人らしい日本語、職場でいい人間関係を築くためにはこれからどんなことを勉強していけばいいのかを知ってほしい。
- グループレッスン　週2回（50分）、計15回
- 対面で実施

⊏ 学習者について

- 初めてビジネス日本語を学ぶ学生（専門学校などで通常日本語クラスを受講していない学生など）
- N2以上レベル

到達目標：学生同士の言葉遣いと職場での言葉遣いの違いを理解する。

　　　　　電話、メールなどで使われる日本語の基本を知り、ビジネス日本語の一端を知る。

　　　　　職場で起こりうる問題を回避するために必要な日本語力を身に付ける。

　　　　　職場でいい人間関係を作るために必要な職場のマナーを理解し、場面に応じた表現を学ぶ。

　　　　　社会人として知っておくといい日本事情とその場に応じた表現を知る。

授業内容：1. 漫画を読み、何が問題なのかを意見交換する。（場面や立場などを視覚的に理解する）

　　　　　2. 問題を回避するための表現や話の進め方などを確認し、練習する。

　　　　　3. 本日の気付きをリアクションペーパーにまとめ提出する。

テキスト：『マンガで体験！にっぽんのカイシャ ～ビジネス日本語を実践する～』

　　　　　　　　　　　　　　　　　　　　　　　　日本漢字能力検定協会

　　　　　『マンガで学ぶ日本語表現と日本文化―多辺田家が行く!!』　アルク

◯ レッスンを進める上での注意点

　学生が楽しくビジネス日本語学習をスタートし、学習モチベーションを維持できるように教材として漫画を使用します。

　文化の押し付けではなく、日本の文化や習慣を知らずに行動すると、自分の態度が誤解を与えてしまう可能性があることを示しましょう。

	授業内容	内容（Can Do）
	コースのウォーミングアップ	
1	場面、立場による言葉遣いの違い（1）	「自分」を表す言葉を例に場面、立場による言葉の使い分けができる
2	場面、立場による言葉遣いの違い（2）	「すみません」を例に場面に適した謝罪表現や感謝を表す表現がわかる
3	場面、立場による言葉遣いの違い（3）	「ウチ」と「ソト」で変わる言葉遣いの違いがわかる
	今後の学習の予告編	
4	仕事の日本語（1）	会社での電話応対の基本がわかる
5	仕事の日本語（2）	ビジネスメールの基本書式がわかる
6	仕事の日本語（3）	社会人らしい雑談の話題がわかる
7	仕事の日本語（4）	ビジネスでよく使われる外来語がわかる
	どんな日本語を使えば問題を回避できるのか練習する	
8	働く時に重要なこと（1）	「報連相」をする時の表現が使える
9	働く時に重要なこと（2）	「確認」をする時の表現が使える
10	働く時に重要なこと（3）	「質問」をする時の表現が使える
	ディスカッションを通して気付かせる	
11	職場でいい人間関係を作るには（1）	有給休暇を申請する時に気を付けることがわかる
12	職場でいい人間関係を作るには（2）	退社時に気を付けることがわかる
	なぜなのか、その理由をきちんと理解してもらう	
13	社会人として知っておきたい日本事情	贈答の慣習（お土産など）と場面に応じたあいさつがわかる
14	社会人として知っておきたい日本事情	状況によって使えるのを控えた方がいい「忌み言葉」について理解できる
15	ふりかえり 各回に出てきた語彙や表現のクイズ	今後、どんな学習を続けていけばいいのかがわかる
	評価	なし（イベント的な講座のため評価は不要）

▷ 実施団体（地域国際センター）からの要望

● 日本で就職するのに知っておいた方がいいことを扱ってほしい。
● グループレッスン　週2回（90分）、計10回
● オンラインで実施

▷ 受講者について

● 日本での就職を目指す留学生（さまざまな学校から集まった学生）　多国籍20名
● N2以上レベル

到達目標： 日本で就職、就職活動をする際のポイントが理解できる。
（本コースですべてをマスターできるわけではなく、就活で何が必要なのか、今の自分に足りないものは何かがわかる）

授業内容： 1. 受講者はさまざまな学校から集まっていて面識がない人が多いので、活動の前には簡単なウォーミングアップを行い、お互いを知る時間を作る。
2. 講師の説明だけでなく、受講者同士の意見交換などを行い、積極的な参加を促す。
3. 1〜3回の「日本の商習慣」のような考え方がもとになり、4〜7回で学ぶ日本語表現があること、また、8〜10回の面接での答え方やマナーがあることを意識してもらう。
（「型」を覚えるだけではなく、マインドをきちんと理解してもらう）
4. 電話会話など、発話練習の機会を増やすために、ブレイクアウトをして少人数での練習を行う。
5. 毎回、講座の最後にアンケートを実施し、わかったことや質問などを書いて提出してもらう。質問については、次の講座で取り上げる。

テキスト： 『改訂版 留学生・日本で働く人のためのビジネスマナーとルール』
日本能率協会マネジメントセンター

	各回の授業内容	内容（Can Do）
1	日本の商習慣に関する理解 日本人と働く心がまえ	異文化で働くことの心がまえができる 日本人の仕事に対する考え方や、会社の仕組みが理解できる
2	日本の商習慣に関する理解 報連相、時間厳守	日本人が仕事をする上で大切にしていることがわかる 就活の中での報連相や時間厳守の重要性が理解できる
3	日本の商習慣に関する理解 チームワーク	日本人がなぜチームワークを大切にしているのかがわかる チームワークを発揮するにはどんな点に気を付ければいいのかが理解できる
4	ビジネス日本語 敬語の基本	なぜ就活で敬語が重要なのかが理解できる 敬語の仕組みが理解できる
5	ビジネス日本語 クッション言葉と話の進め方	敬語が正しくても相手に違和感を与えてしまうのがなぜなのかがわかる 状況に合ったクッション言葉がわかる 日本人がよく使う話の進め方が理解できる
6	ビジネス日本語 メールの基本	ビジネスメールの基本的な構成がわかる 就活での問い合わせメールの書き方がわかる
7	ビジネス日本語 電話会話の基本	電話会話の基本的な流れがわかる 就活での連絡の電話ができる
8	面接対策 面接の流れ	なぜ面接が行われるのかが理解できる 一般的な面接の流れがわかる
9	面接対策 模擬面接	面接での話し方がわかる よく聞かれる質問とその答え方がわかる
10	面接対策 面接のポイントとマナー	面接でのマナーが理解できる わからない質問への対応方法がわかる
	評価	なし（イベント的な講座のため評価は不要）

レッスンを進める上での注意点

受講者には、ビデオオンでの参加を促します。面接中の態度や表情、またうなずきなどは、こうした研修中から練習することが重要です。

模擬面接では、可能であれば面接官役が手配できると、受講者には緊張感が生まれ、講師はやりとりを客観的に見ることができるので効果的です。

2 ビジネス日本語の指導内容

　ここまでビジネス日本語の教材やコースデザインについて見てきました。この章では、実際のビジネス日本語レッスンにあたって注意するべきポイントを見ていきましょう。同じテキストを使っても、それぞれのレッスンによって授業の組み立て方、指導法も変わってきます。テキストのアレンジの仕方と実践例をご紹介します。

1　話す

(1) 会話、ロールプレイ、ディスカッションなど

　ビジネス日本語のテキストであっても、そのまま1課から順番に、何も変えずに使ってうまくいくビジネス日本語の授業はほぼありません。どのテキストを使うにしても、教師側のアレンジは必要です。それでは、どのようなアレンジが必要になるのかを考えてみましょう。筆者があるメーカーの内定者研修で、テキストをどのようにアレンジして使用したかをご紹介します。

用語はクライアント（依頼元の企業）に合わせる

　『新装版 ビジネスのための日本語』（スリーエーネットワーク）に、次のような会話の代入練習があります。

場面：社内　　　機能：他の人を紹介する

> A：（Cに）うちの部の山本さんです。
> 　　（Bに）こちらは①本店の高橋さんです。
> B：山本です。はじめまして。
> C：高橋です。はじめまして。
>
> 練習　　1）①大阪支社　　　　2）①営業部
> 　　　　　　　　　　　『新装版 ビジネスのための日本語』 スリーエーネットワーク
> 　　　　　　　　　　　　　　　　　　　p.2　第1課　紹介　STAGE 1

　この会話例の中では「本店」という言葉が使われていますが、日本語研修を依頼された企業が「本店」ではなく、「本社」という名称を使っているということであれば、「本店」を「本社」に変え、固有名詞も学習者の名前や同じ部署の人の名前に置き換えて練習するほうが、より身近に感じられます。依頼元の会社に大阪支社がなかった場合は、「大阪支社」は使用せず、実在する「○○支社」という言葉に変えて練習しましょう。このように、依頼元の会社の実態に合わせた語彙と入れ替え、既存のテキストをアレンジします。支社名などの情報は、会社のホームページの組織図でも調べることができます。もちろん、依頼元の研修担当者に教えてもらうことも可能でしょう。ただし、受講者がまだ就職活動中の学生や仕事をしていない主婦の場合は、多少のアレンジはしても、基本的にはテキストの語彙をそのまま使って練習することになります。

言葉と併せて教える

　次の会話例を見てください。

場面：社外　　機能：自己紹介する

> A：コスモ商事の山田と申します。どうぞよろしくお願いいたします。
> B：①担当の小林と申します。こちらこそ、よろしくお願いいたします。
>
> 　　　　　　　　　　　『新装版 ビジネスのための日本語』 スリーエーネットワーク
> 　　　　　　　　　　　　　　　　　　　p.4　第1課　紹介　STAGE 1

授業で学習者二人が動作をつけずにこの会話練習を行った時には、違和感がありました。もしこの会話を日本語母語話者同士がした場合、自然とお辞儀をするのではないでしょうか。言葉と体の動きは「セット」です。たとえば、電話の会話がそうです。よく電話で話している見えない相手に向かって、何度もお辞儀をする光景を目にしたことはありませんか。このような会話では、言葉を教えると同時に、お辞儀や名刺交換の際のマナーを紹介するいい機会となることもあります。

ロールプレイをする際に注意すべきこと

　次のロールカードを読んでください。

場面：社外　　　機能：訪問先の受付で自己紹介する

A：X社受付（しゃうけつけ） Bが受付（うけつけ）に来（き）ました。応対（おうたい）してください。	B：Y社社員（しゃしゃいん） X社に来（き）ました。受付（うけつけ）で企画部長（かくぶちょう）の田中（たなか）さんへの面会（めんかい）を求（もと）めてください。2時（じ）に会（あ）う約束（やくそく）があります。

『新装版 ビジネスのための日本語』 スリーエーネットワーク
p.11　1課　紹介　STAGE3

　このロールプレイを受講者にさせる時に、どのようなことに注意しますか。

　まず、このロールプレイの目的を確認しましょう。ここでは「訪問先の受付で自己紹介する」ことが目的ですので、ロールカードのBをする人がこの課で学習したことを発揮することになります。ロールカードAの人の役割は「受付」です。実は、この課では「受付」の人の言葉は学習のターゲットにはなっていません。よって、Aの役割の言葉をBと同じくらいに練習させる必要はないと考えます。もしこれがプライベートレッスンであったなら、Aの役割を教師がし、受講者にBをさせるだけでいいでしょう。グループレッスンの場合は、受講者

数が少なければ、Aは教師がしてもいいでしょう。受講者がAをする場合も、覚えさせる必要はなく、手元でセリフを見ながら言っても構わないと考えます。大切なのは、Bのロールカードのタスクを達成してもらうことです。日本語の授業でロールプレイを実施する時には、得てしてどちらの役割も同じように一生懸命覚えさせたり、練習させたりする傾向がありますが、ビジネス日本語では必要な日本語を効果的に導入することが求められます。受講者は時間もお金（予算）も限られています。どうすれば、効率的かつ効果的に受講者に、目標を達成してもらえるかを考えて授業内容を組み立てるようにしましょう。また、会う相手や時間を変えたり、アポイントメントがない場合にしたりするなど、Bのロールカードを少しアレンジして行うこともあります。このように筆者らは、少し手を加えることで、一つのロールプレイをさまざまな状況に応用しています。

レベルが異なる学習者への使い方

　『新装版 ビジネスのための日本語』（スリーエーネットワーク）は、1課～8課のそれぞれが、STAGE 1、2、3と易から難へと段階を踏んだ構成になっています。STAGE 1は1往復から2往復程度の短い会話、STAGE 2ではまとまりのある長い会話、STAGE 3はロールプレイ、という構成です。機能別教科書の良い点は、初級終了レベルから中上級まで、幅広いレベルに対応できるというところだと述べましたが（基礎編5　p.50参照）、筆者は本テキストを初級レベルから中上級レベルのクラスで同時に使用しました。レベルの異なるクラスで同じテキストを使用することはあまりないと思われますが、本テキストの進め方を変えることで、どちらのレベルでも十分に活用できると考えました。初級クラスでは、STAGE 1から2と順番に使っていきますが、中上級クラスではSTAGE 1は基本的に使わず、STAGE 2から使用する、またはいきなりSTAGE 3のロールプレイからやってみて、できないところを埋めるようにSTAGE 2、1と戻って扱っていく、という方法です。中上級レベルの学習者がこのテキストを手に取った時に、表紙に「初中級」と書いてあることに気づきます。そうすると自分のレベルとは合っていないと考えるかもしれません。その場合は、教師側がこのテキストは、「初中級」と書いてあるが、実際は、皆

さん（受講者）に足りないものを十分に補えるテキストであるということを説明します。

　テキストは、設定されているレベルや属性とは異なるレベルの学習者にも十分使用できることが多いです。たとえば、「留学生向け」とされていても、就労者にも役に立つ内容のテキストもあります。また、JLPTの高いレベルを取得していても話すのが苦手というような学習者の場合、初級向けの会話テキストが適しているということもあります。また、読み書きは苦手でも話すことが得意な学習者の場合は、中上級向けのテキストの音声を利用して聴解や会話力をアップさせることもできるでしょう。テキストを選ぶ時は、設定されているレベルだけを見るのではなく、手に取って内容をしっかり確認し、学習者に合ったものを選定しましょう。

　また、『新装版 ビジネスのための日本語』（スリーエーネットワーク）を企業研修で採用したもう一つの決め手は、本書の指示と会話には英訳が付いていたことでした。初級終了程度の受講者には指示の日本語を理解できるほどの日本語力は備わっていないことがほとんどです。特にロールプレイの指示文は、それ自体の日本語が難しいため、何をしたらいいのかを受講者に理解させるまでに時間がかかることがあります。しかし、翻訳があることで、ロールプレイの指示をすぐに理解しスムーズにタスクにとりかかることが可能になります。

　A：X社社員

　BがX社に来ました。Bは受付であなたを待っています。受付へ行き、自己紹介して、名刺を渡してください。そして、Bの名刺を見て、何か質問してください。質問は自分で考えてください。

　A: From X company

　B is at X company, and is waiting for you at the reception desk. Go to the desk, give your business card and introduce yourself. Looking at B's business card, ask questions. (Think up your own questions.)

『新装版 ビジネスのための日本語』 スリーエーネットワーク
p.12 紹介 Stage3

英語を媒介語にして実施する研修で特に有効ですが、直接法で教える研修でも企業内の共通言語は日本語と英語という企業が多く、そのような場合は受講者が英語訳を読み理解することができるので、効率的な授業運用が可能になります。
　以上のようなことから、私たち教師はテキストを採用する際に、十分にそのテキストの内容や構成などを吟味してから、採用（使用）することが求められます。

　ケーススタディで学ぶビジネス日本語は、比較的新しい分野です。正解が一つではないという点で、教師がうまくファシリテーション^注を行わなければなりません。受講者同士で話し合い、考えさせる。そのやりとりを通して、受講者自身に何か気付きが生まれれば、授業は成功なのかもしれません。ケーススタディは、そのトピックを受講者の背景に合わせて選ぶ必要があります。筆者がよく使ったケーススタディは『ロールプレイで学ぶビジネス日本語 グローバル企業でのキャリア構築をめざして』（スリーエーネットワーク）です。本書はそれまでに出版されていたビジネス日本語教材にはなかった異文化理解に焦点を当てたケーススタディをロールプレイとして取り入れたそうです（「はじめに」より）。このテキストで取り上げられているケーススタディは日本の企業文化について「あるある」事例が多く、筆者が請け負った企業研修の受講者のニーズにも合っていました。たとえば以下のような事例です。

> **3課　私の言い分「家庭と仕事、どっちが大事?」**では、結婚記念日に定時で帰ることと、プレゼンテーションの準備がまだ終わっていないので残ってほしいという同僚の言い分についてどう考えるか。　　　　　　　　　　　　　　　　　　　　　　　（p.32）
> **4課　私の言い分「会議で使う資料はいつまでに作ればいい?」**では、会議が始まる直前に資料を印刷しておけばいいと考えていたが、課長にその3日前に資料はできたか?と聞かれ、まだとりかかってもいないと回答したところ、早くとりかかって事前にその資料を自分に見せるように言われた。　　　　　　　　　　　　　　　（p.45）

　3課の例は、プライベートと仕事の切り替えについて考えさせるもので、4課の例は、いつまでに資料を作るべきかを考えさせるものです。このような事

注）話し合いが円滑に進むように参加者の発言を促し、話の流れを整理し、合意形成をサポートする行為

例には、さまざまな要因が絡み合うため、正解は一つではありません。それでも、今後受講者が直面する可能性のある事例について、どうすればいいのか、どうすれば良かったのかを話し合ってあらかじめ心の準備をしておけば、問題になることを事前に防ぐことができるのではないでしょうか。

　このようにケーススタディを通して、マナーや日本文化、企業文化についても総合的に学ぶことができます。

　以上、ビジネス日本語の教材（会話）を実際にどのように使えばいいかについて紹介してきました。ポイントをまとめます。
・用語は極力、企業（クライアント）に合わせる。
・テキストの何を取り上げるかは、受講者のレベルと受講者／職場のニーズに合わせる。
・テキストに書かれていなくても、必要なことは加える。また必要でないことは取り除く。
・テキストの内容をどう進めるかは、受講者のレベルに合わせる。
　このように、既存のテキストは、どれを使う場合も受講者のニーズに合わせて「カスタマイズ」することが重要です。

② 発表（スピーチ、プレゼンテーション）

　実際に受講者がスピーチや発表をする場面を考えてください。新入社員なら職場の部署で上司の紹介を受け、前に立ってメンバー全員に向けて自己紹介をすることがあります。その場合は、立ち居振る舞いを含めて教える必要があるかと思います。身ぶり手ぶりが大きいスピーチのスタイルは、日本企業ではやや奇異に見える場合もあります。日本人なら常識に思えることが他国では常識ではありません。また、企業文化によって自己紹介に盛り込む内容も変わってきますし、部署によっては前職での担当業務や自分が使える技術を話すこともあります。新卒なら専攻や研究内容を話すというところもあります。ビジネス日本語研修でどのような自己紹介を指導してほしいのか企業担当者に確認して

おきましょう。

　ほかにどんなスピーチ授業があったか、筆者の経験からお話しします。管理職なら、全社員や一定の社員に向けた新年や新年度のあいさつと目標について、新商品や新サービスの社内外への発表やプレゼンテーション、企業の代表として話す記者会見などでの公式発表、インタビューに答えるものなど、実にさまざまです。それぞれの内容については、すでにしっかり決まっているものもありますが、受講者本人が一から作らなければならないものもあります。気を付けなければいけないのは、このような発表の内容を教師がすべて作ってしまわないことです。私たち教師はこの企業の業務を知っているわけではありません。内容は企業側に作ってもらう必要があります。受講者がおおまかに話した内容を教師が勝手に解釈し、このようなことだろうと日本語を添削するつもりでスピーチ原稿を作ってしまっては、後々大きな問題になってしまうことがあります。また、受講者が母語で書いた内容を社内の通訳・翻訳部署が日本語に直している場合は、一言一句確かめ、受け取れる意味を確認してから、発音や話し方の指導をしていくことが求められます。筆者が行ったスピーチの授業でよく困ったのは、学習者本人が母語で考えたジョークやユーモアをプロの翻訳者がそのまま翻訳してしまった結果、日本ではまったくウケないものになってしまうということです。日本では一般的に公に向けたスピーチには硬いものが多く、企業としても真面目で硬いイメージを押し出しているのに、欧米から迎えたエグゼクティブが日本人にとってはわかりにくいジョークを入れたがるということがあります。国によっても違いがあると思いますが、ジョークは国際色豊かでその文化がわからなければ、笑えないものです。社内の部下が上司のスピーチ原稿をそのまま訳していたとしても、「日本語で聞いてもこのジョークは通じない」「通じないジョークは笑えない」とはっきり伝えるのが教師の仕事だと考えています。スピーチの内容はいじらず、通じないものはそのように伝え、後は本人の判断に任せることです。実際の授業では、原稿が仕上がったら、その後はスピーチの練習ですが、発音については完璧を目指さず、伝わればよしとしましょう。それより、抑揚や間を効果的に使い、好意的に聴き手に伝わる

かということに重心を置いて、聴き手目線で指導することが大切です。自分がまったくその人を知らない前提でスピーチを聴いて、どんなイメージを持ったかをしっかり学習者に伝えます。同じ人でもTPOによって、真面目で厳しい人として伝わればいい、楽しく親しみの持てる人と受け取られたい、などと異なることもあります。今回はどんなスピーチにしたいのか、毎回確かめます。

　次に、プレゼンテーションの授業についてお話しします。企業と仕事をする場合は機密保持契約を結ぶ場合が多いことは基礎編で述べましたが、セキュリティー上、企業内で実際に使っている書式やプレゼンテーションの内容のヒントすら明かしてもらえない場合もあります。外注業者である日本語教師だけではなく、企業内でも担当部署以外には公開しない情報が多いところもよくあります。未発表の商品やサービスについてのプレゼンテーションならなおさらです。では、ビジネスのプレゼンテーションの授業では何をすればいいのでしょうか。私たちは日本語教師です。学習者本人が将来行うプレゼンテーションの「型」を練習できるようなものにしましょう。筆者が実際に行ったものを次に紹介します。

　初級の段階では、まず自己紹介などの題材から始めるといいでしょう。スピーチ練習はその時々の状況に合わせ、バリエーションを付けた口頭練習をすればいいのですが、プレゼンテーション（発表）の授業ではパワーポイントなどの資料作りを体験してもらいます。まずは1枚程度でいいでしょう。受講者は母語なら日本語教師よりずっとしっかりした資料が作れる場合が多いのですが、資料の作り方が日本と受講者の国とでは大きく異なる場合もあります。また、箇条書きができない、書き言葉がわからない、表したいイメージとフォントの種類がかけ離れているなど、問題はさまざまですが、資料の内容ではなく「見せ方」について、教師目線ではなく聴き手の目線でフィードバックします。その後、話す練習へと続きます。

　レベルが上がるにつれて、題材、つまりテーマを変えていきます。たとえば、グループで一つのテーマについて発表することにし、資料は一人1ページ作ったものを3、4人でまとめてクラス全員の前で発表します。発表の際は、開始

のあいさつから質疑応答、まとめまですべてをグループ内で役割分担します。場合によっては職場の同僚や上司の前で発表する場を設けます。どのチームが良かったか投票したり、上司に感想を言ってもらったりする仕掛けをすると、モチベーションが上がります。教師から強制することなくグループで役割分担したり、内容について話し合ったり、パワーポイント資料の体裁を整えたりすることでチームビルディングという副産物もできます。新入社員のコースの仕上げとしてプレゼンテーションを入れるのもいいでしょう。グループごとに自社製品の販売促進、開発費用や技術的な制約を外した新規サービス、来年度の新入社員へのアドバイス、ダイバーシティ推進のアイデア、日本で1年暮らしてみて気づいたことなど、さまざまなテーマが考えられると思います。実際、プレゼンテーションの後に、聞いていた上司から「全社向けに発表してもらいたい」という要望が寄せられたこともありました。この上司の言葉で当時のメンバーの日本語学習熱がさらに高まりました。

② 書く

　ビジネス文書の指導で教えるべき内容は、まず「話し言葉と書き言葉の違い」です。

　書き言葉と言っても、話すように書くエッセイやSNSとは違います。その辺もはっきりと説明する必要があります。大学生がレポートや論文を書く時にも学ぶように、書き言葉としてふさわしい表現は何かについて教えることはすべてのビジネス文書の書き方の指導に通じます。

　その後、「社内文書」を中心に指導します。社内文書の中では、「報告書」「議事録」「メール文」の指導のニーズが高い傾向にあります。しかしながら、文書には通常「フォーマット」があり、そのフォーマットが企業によって異なる場合がしばしばあります。最も好ましいのは、その会社が使っている文書のフォーマットを使って指導することですが、機密事項保持の問題などで、実際に会社で使っているものを教材として使用することは大変難しいので、既存のテキス

トを活用します。たとえば、『仕事で使う！ 日本語ビジネス文書マニュアル』（アスク出版）p.44「報告書～セミナー受講報告～」を使って、研修生が実際に配属先の職場訪問をした時の報告書を書いてもらったことがあります。本書は、英語、中国語、韓国語の翻訳が付いていることから、初級を終了したばかりの学習者にも使いやすいと言えます。

　ビジネス文書のテキストも年々増えているようです。ぜひ、自分の受講者のニーズに合った教材を選んでみてください。

③ 読む

　ビジネスシーンで出合う読み物には、メール（社内メール／社外メール）、文書（社内文書／社外文書）、新聞・雑誌、グラフや表、社交文書（招待状、あいさつ状）、規約・規則、説明書（マニュアル）、契約書、法律などが考えられます。ビジネス文書のところでも述べましたが、その会社で使われている資料が実際に教材として使えれば理想的です。しかし、機密保持の関係で大変難しいため、既存の教材を使うことになります。ビジネス日本語教材の中で、読解や聴解に特化した教材はあまりありません。そこで、筆者らはBJTビジネス日本語能力テストの対策問題集を活用することにしました。

　『BJTビジネス日本語能力テスト 読解 実力養成問題集 第2版』（スリーエーネットワーク）や、『BJTビジネス日本語能力テスト 公式 模擬テスト＆ガイド』（日本漢字能力検定協会）を活用した授業を行います。このような問題集や模擬テストは問題を解いて、答え合わせをして、解説をして終わり、となりがちですが、そうではなく、問題そのものを読解教材として扱います。メール文からは、ビジネス文書の形式を学ぶことができます。（実際の授業例はp.119 授業実践例3をご覧ください。）

　このように、問題集を読解授業の素材として使用することは、実際のビジネスシーンで受講者が読むことになるものに最も近い教材という意味でも効果的であると言えます。教師がゼロから作り出すより、時間も節約できますし、よ

り質の高い教材になります。

　2015年に『ビジネス日本語 オール・イン・ワン問題集』（ジャパンタイムズ出版）が出版された時、画期的な教材であると大変喜んだのを覚えています。当テキストは、名前のとおり、1冊にBJT対策を前提として「聴く・読む・話す・書く」の四技能すべての要素が練習できる構成になっています。問題集として活用するだけでなく、1冊のテキストとして採用し使用することが可能となったことは、ビジネス日本語を教える教師にとって大きな支援になりました。

④ 聴く

　聴解は、社内での会話であれば上司や同僚との会話、会議、報告、連絡、相談、取引先との商談場面、外部講師によるセミナー、新商品発表会など、さまざまなスタイルの会話や独話を聴き取る力が求められます。ビジネスシーンで「聴く」スキルが必要なのは、同僚との会話、上司との会話など、日常交わされる会話から、プレゼンテーションを聴く、会議を聴く、資料を見ながら聴く（聴読解）などがあります。電話での会話も相手の言うことを「聴いて」応答するので、会話と聴くスキルの練習は常にセットになります。また、「会社説明会」や何かの説明を聴く時は、大切な内容を「メモ」しなくてはなりません。その場合「書く」というスキルも重要になります。ただ「きく」だけのタスクはあまりないと考えます。仕事で「聴く」ことは、話すこと、書くことなど、アウトプットと結び付けてトレーニングする必要があります。ビジネス日本語教材の中で、聴解に特化した教材は、読解と同様、あまりありません。そのため、BJTビジネス日本語能力テストの対策問題集を活用することにしました。

　『BJTビジネス日本語能力テスト 聴解・聴読解 実力養成問題集 第2版』（スリーエーネットワーク）にはグラフや表を見ながら説明を聴く問題、同僚同士、上司と部下、取引先との会話などを聴いて、要点をつかむ問題が収録されています。聴解は聴解のスクリプトを「読む」必要があります。聴き取れなかった語彙や表現はどこだったのか、そもそも意味がわかっていたのかを確認するため

にもスクリプトは欠かせません。問題集にはスクリプトが掲載されているので、それを活用して語彙や表現を学ぶこともできます。生の会話を教材に使うことも考えられますが、スクリプトを作るのに時間も手間もかかりますので、既存の問題集をうまく生かすことをお勧めします。

⑤ 知る

　ビジネス日本語は単に「敬語」や「文書やメールの書き方」など「言葉」そのものを教えるだけではありません。その言葉と切っても切れない日本の文化、社会事情、そして日本の企業文化について教える必要があります。

(1) 企業文化・日本事情

　企業文化の例としては「ウチとソト」「時間厳守」「チームワーク」などが挙げられます。「ウチとソトの関係」を理解すれば、自分の会社の上司の呼び方が社内と社外では違うことに納得できます。「ウチとソト」の考え方を知った上で「敬語の使い方」を学ぶと、受講者はなぜ日本語には敬語が存在するのか、尊敬語と謙譲語をどう使い分けるのかを理解することができます。拙著『改訂版 留学生・日本で働く人のためのビジネスマナーとルール』（日本能率協会マネジメントセンター）の第4章第1節「ウチとソトの関係」では、電話で自分の会社の課長を、社外の相手に対して「田中課長」と呼んでしまい、隣に座っていた先輩に注意されるというエピソードを紹介しています。その後に、ウチとソトの考え方を説明し、職場・ビジネスシーンでのウチとソトの考え方を図や表を使って説明し、会話例などで練習できるようになっています。

　敬語は「親疎関係」を表す言葉であることについては、日本の文化と社会を通して学習者の理解を促します。この後に、第5章第1節「敬語の使い方」では、新人の外国籍社員がお客様に資料を渡す際に「どうぞ拝見してください」と言っ

てしまいます。後で同席していた先輩に「拝見してくださいはダメですよ」(「ご覧ください」が正しい)と指摘されるというシーンで、尊敬語と謙譲語の使い方に混乱が見られるという例を紹介します。その後、敬語の尊敬語と謙譲語の言葉を整理し、なぜ日本語には敬語があるのか、敬語の役割について説明します。敬語は相手に対する配慮であり、人間関係を円滑にするために使われる言葉であることを伝えます。

　「日本事情」として出版されている教材は、ある程度の日本語力がついてからでないと扱いにくいものが多いです。それは「読解」に時間がかかってしまうからです。では、初級レベルの学習者は日本事情を扱わなくてもいいかというとそうではありません。得てして硬くなってしまうような話題も、漫画教材を使うことで、楽しく学べるだけではなく、絵とストーリーが学習者の理解を助けてくれます。また関心を持ってもらうにも効果的だと言えます。『マンガで学ぶ日本語表現と日本文化—多辺田家が行く!!』(アルク)が参考になります。

(2) ビジネスマナー

　企業文化・日本事情には「マナー」の部分も多く関わってきます。筆者は以下のような項目をビジネスマナーとして取り上げています。
・社会人としてのマナー
・外国人が知っておいた方がいい働く日本人のマインド
・円滑なビジネスコミュニケーションのためのマナー
　社会人としてのマナーは、名刺交換、お辞儀、席次、傾聴、食事、身だしなみ、贈答などが考えられます。外国人が知っておいた方がいい働く日本人のマインドとは、チームワーク、時間厳守、上下関係、ウチとソトの考え方、報連相などです。そして、円滑なビジネスコミュニケーションのためのマナーには、敬語、クッション言葉、話の進め方、雑談、相槌、メールや文書の形式、電話対応などが含まれます。
　そして大切なのは、ビジネスマナーをどう教えるかです。

優劣を付けない

　マナーは国や文化によって違うだけのことです。「フラット」に扱いましょう。私たちはついつい「日本ではこうするから、こうしてください」と半ば押し付け気味な説明を無意識にしている可能性があります。しかし、日本ではこうしたほうがいいと思われていることが、ほかの国や文化では失礼になることもあります。「こうして！」ではなく「こういう理由があって、こうしている」ということまで、丁寧に説明するようにしましょう。

押し付けない

　マナーは国同士の違いだけでなく、日本の中でも、業種や企業、さらに時代によっても違います。ビジネス日本語教師になりたい方の中には、以前別の業種で仕事をしていた方が大変多くいらっしゃいます。そのような方が陥りやすいのが、**自分の常識の押し付け**です。「自分の会社ではこうしていたから、これが正しいマナーなのだ」と言い切る前にまずは調べてください。あなたの会社だけの文化をほかの人に押し付けることのないように、自分の会社はこうだったけど、そうではない会社もあるということを常に心がけてください。

選ぶのは本人

　会社で同僚や先輩、上司などと一緒にランチなどの食事をする機会があると思います。その際、ラーメン、うどん、そばなどを食べる時、日本人なら、基本的に音を立ててすすって食べるのではないでしょうか。その方が「おいしそうに聞こえる」、あるいは、「香りが立っておいしい」などと言われます。しかし、音を立てて食べることがマナー違反である国から来た人には、この日本人の麺の食べ方には抵抗がある人もいます。「自分も音を立てて食べてみたい」と好奇心旺盛な人もいれば、「私にはそれはできない。無理だ」という人もいます。しかし大切なのは、その人の好きな食べ方で食べてもらうことではないでしょうか。外国人社員の方には、「自分の国では音を立てて食べるのはマナー違反である」「自分にはまねすることはできないが、日本ではそのような食べ

方をしてもいいことがわかった」など、ざっくばらんに同僚、先輩、上司に話をしてみてほしいと思います。お互いが自分の思っていることを伝え合うことで解決することもあるのではないでしょうか。

受　　講　　者：初級終了～中級、内定者（20歳以上）、多国籍
企業からの要望：入社後、職場の同僚や上司とコミュニケーションが取れるように
　　　　　　　　　なってほしい。
授　　業　目　標：同僚や上司とスムーズなコミュニケーションが取れるように
　　　　　　　　　なる。
レッスン時間：約100分
レッスン形態：対面で実施
使 用 テ キ ス ト：『新装版 ビジネスのための日本語』 スリーエーネットワーク
使 用 箇 所：p.46　第3課　許可　STAGE 3

>>> テキスト選定ポイント

　本テキストは英語の翻訳が併記されており、各課が機能シラバスで分けられ、さらにそれぞれの課は社内と社外に分かれています。初級終了者にとって、日本語のみで書かれたテキストは負担が大きいことから、受講者の共通言語である英語が併記されていることは、本テキスト選定の大きな理由でした。また、内定者研修で優先すべきは社内会話の方だと考えたので、各課が社内と社外に分かれていることから、必要なところを選別すれば指導しやすく、社内を中心としたビジネスの現場ですぐに役立つ会話表現を学ぶことができると考えました。

>>> テキストの練習問題

第3課　許可　STAGE 3
1. 早退の許可を求める　Asking for permission to leave early

A: 部下 今週の金曜日、4時に早退したいと思っています。早退の理由は自分で考えて、B部長に許可を求めてください。 A: Subordinate You want to leave the office at four o'clock this Friday. Think up your own reasons why, and ask B, your general manager, for permission.	B: 部長 部下Aに早退の許可を求められます。理由を聞いて、許可するかどうか決め、返事をしてください。 B: Superior A asks you for permission to leave the office early on Friday. Ask him the reasons and give him an answer after deciding whether you can give him permission or not.

レッスンの進め方

　このロールプレイを実施するまでに、STAGE 1と2で会話表現や会話のやりとりのモデル（手本）は学習してあるため、このロールプレイは、それまでに実施したことをテキストを見ずにできることが大切になります。暗記ではなく、コミュニケーションを取れるようになるということを目的として以下のように進めてみましょう。

1　ロールカードを読む
ロールカードを熟読してもらいます。この際、日本語で理解できなくても、英語で内容が理解できればOKです。

2　ロールプレイの準備をする
Aの部下が大切な役割になります。よって、Bの部長の役割は教師が担当してもいいと考えます。あるいは、Bの役割のセリフは暗記せずに読み上げる形でもよしとします。

3　実際にロールプレイをする
準備ができたら、演じてもらいます。この際、Aは原稿などを見ずにやってもらうことが大切です。アドリブも取り入れながら、多少の間違いがあっても、コミュニケーション重視のロールプレイにするといいでしょう。

レッスンを進める上での注意点

　ロールプレイの時間をしっかり取って、テキストを見て「わかる」のではなく、テキストを見なくても「使える」ようになるまで練習をします。難しい言葉だけが上滑りすることのないように、きちんとコミュニケーションが取れることを目標とします。ロールプレイ評価は、受講者にとって意味のある役割で評価をするようにします。「部長」役ではなく、「部下」の役で評価します。ロールプレイ実施後は十分なフィードバックの時間を取り、評価表（次ページ）を渡し、改善すべき点をきちんと示します。

◆ロールプレイの評価表（例）

ロールプレイ評価表（　　年　　月　　日　実施）

クラス（　　　　　　　　　　）
研修生の名前（　　　　　　　　　）
内容（　　）課＿＿＿＿＿＿＿＿＿＿＿＿＿＿＿＿

① 日本語の正確さ（Accuracy）　　　　　　1　　2　　3　　4　　5
　　＊文法が正しく、語彙や表現の使い方が適切か。

② 発音（Pronunciation）　　　　　　　　1　　2　　3　　4　　5
　　＊日本語らしい発音ができているか。

③ 声の大きさ・話す速さ・間　　　　　　　1　　2　　3　　4　　5
　　＊十分に聞こえる大きさか。話す速さは適切か。間の取り方はちょうどいいか。
　　（Voice/Speed and pace）

④ コミュニケーション力（Communication）　1　　2　　3　　4　　5
　　＊母語を使わずに日本語だけでコミュニケーションがとれる。
　　　フィラーや相槌（「えっと…」「あのー」「そうですね…」）なども使える。

⑤ タスクの達成（Achievement of task）　　1　　2　　3　　4　　5

その他のコメント（まちがった語彙や表現・気になったこと、これから注意することなど）（Other Comments）

┌─────────────────────────────────┐
│   │
│   │
│   │
│   │
└─────────────────────────────────┘

評価した人（　　　　　　　）　　　合計（Total score）　┌──┐
　　　　　　　　　　　　　　　　　　　　　　　　　　　　│ ╱ │
　　　　　　　　　　　　　　　　　　　　　　　　　　　　│25│
　　　　　　　　　　　　　　　　　　　　　　　　　　　　└──┘

©NPO法人 日本語教育研究所

受　　講　　者：上級者、内定者、漢字圏、10名
企業からの要望：入社後日本人社員と円滑なコミュニケーションが取れるよう
　　　　　　　　になってほしい。
授　業　目　標：相手の意図することを正しく理解することができる。
　　　　　　　　自分の意見を誤解されずに伝えることができる。
レッスン時間：5日間集中研修のうちの3時間
レッスン形態：対面で実施
使用テキスト：『ロールプレイで学ぶビジネス日本語 グローバル企業でのキャ
　　　　　　　　リア構築をめざして』　スリーエーネットワーク
使　用　箇　所：p.48～54　5課　会議に参加する

>>> テキスト選定ポイント

　本レッスンのCan Doは、「聞き手に誤解されないように、上手に自分の意見を言う」
です。上級者向けのテキストでの会議シーンは、業務内容に深く入り込んだものも多
く、業種が違うと少し使いにくさを感じることもあります。しかし、本テキストのモ
デル会話は、「外国人採用試験」がテーマで、誰にでも理解しやすい内容になってい
ます。

>>> テキストのモデル会話

人事課員 … 竹下_{たけした}	入社後は、国籍に関係なく仕事をするわけですから、試験は同じでいい のではないかと考えます。このところの経済状況をみると、採用人数の 削減_{さくげん}はしばらく続くと予想されます。外国人であっても、日本人学生と 同じ筆記試験を受け、それで勝ち残る人材は優秀なんじゃないでしょうか。 私は同じ試験の方が優秀な外国人を採用することができると思います。
人事課員 … 向井_{むかい}	私も竹下_{たけした}さんに同感_{どうかん}です。うちの筆記試験はある意味、学生の基礎力を 問うもので、これぐらいはできないと社会人としてやっていけないとい うレベルのテストです。外国人だからといって、受けなくてもいいとい うのは、どうでしょうか。

レッスンの進め方

1 モデル会話の確認

まず、音声を聞いて、会議の内容を把握します。「何について話しているのか」「誰と誰が同じ意見なのか」「結論はどうなったのか」など質問して、理解を確認します。

2 意見を言う時の表現の確認

テキストを開き、「意見を言う時（賛成／反対）の表現」に線を引きます。
クラスで共有し、意見の言い方に、どんな特徴があるのか気付いたことを確認します。
特に、反対意見を言う時の表現や話の進め方に着目します。
「◎練習しましょう」「◎確認しましょう」を使って、表現をさらに定着させます。

3 モデル会話

音声に近いスピードや間、また、イントネーションで発話することを目標にして、音読を行います。全員で読んだり、役割を決めたりして、何回か繰り返します。

4 ロールプレイ

ロールプレイを実施します。10名を二つのグループに分け、一人は司会役、4人が参加者となります。ロールプレイ1は、テキストの内容に沿っていますので、すぐスタートできますが、2は応用編ですので、実施前に意見をまとめる時間を持ちます。また、2で確認した「意見を言う時の言い方」を再度確認し、自分が今まであまり使ったことのない表現を使うように促します。7～8分のロールプレイですので、司会者は、最後に出た意見をもう一度確認し、「今日の会議はここまでとし、今日出た意見を踏まえて、次回の会議で続きを話し合いたいと思います。」と終えるようにします。

講師は、二つのグループを適宜見ながら気になった点について終了後コメントします。本時は「意見の述べ方」に着目していますのでコメントはこの点にポイントを絞って行います。

5 模擬会議

「店舗を縮小しオンラインストアに力を入れた方がいいのでは」「来店客を増やすために何ができるか」など、受講者の仕事に関連した内容での模擬会議を行います。

....

★応用できるテキスト例
・『新装版 実用ビジネス日本語』 アルク 第10章 意見交換
・『日本企業への就職 ビジネス会話トレーニング』 アスク出版 第7課 意見を言う・申し出る など
・『人を動かす！ 実戦ビジネス日本語会話』 スリーエーネットワーク 第10課 議論する
・『新装版 商談のための日本語』 スリーエーネットワーク 第2課 意見、第3課 賛成、第4課 反対

授業実践例　3

受　　講　　者：上級者、内定者、3名
企業からの要望：ビジネス文書が理解できるようにしてほしい。
授　業　目　標：「断り」の文書のストラテジー（よく使われる表現や話の進め方）が理解できる。
レ ッ ス ン 時 間：50分×3回
レ ッ ス ン 形 態：オンラインで実施
使 用 テ キ ス ト：『BJTビジネス日本語能力テスト 読解 実力養成問題集 第2版』
　　　　　　　　　スリーエーネットワーク
使 用 箇 所：p.34　読解　5番

>>> テキスト選定ポイント

　ビジネスシーンでの読解力アップのためには、その会社で使われている資料を実際に教材として使うのが理想です。しかし、機密保持の観点から、実際には、一般的な例として既存の教材を使うことになります。ビジネス日本語教材の中で、読解や聴解に特化した教材はあまりありません。そこでBJT（ビジネス日本語能力テスト）の問題集を活用しました。

>>> テキストのモデル会話

次のような手紙を受け取りました。用件は何ですか。

○○○○年○月○日

○○商事株式会社
代表取締役社長　○○○○様

○○株式会社
代表取締役社長　○○○○

拝復　貴社いよいよご隆盛のこととお慶び申し上げます。
　さて、お申し越しのありました直接お取引の件でございますが、流通システムの簡素化は、時代の流れを考えますとごもっともなお考えだと存じます。ただ、当社の経営方針といたしましては、当面、販売部門は全国の代理店に委ね、私どもは製造に専念する所存でございます。
　本来ならば、当社も今回の貴社からのお申し入れにお答えできる体制を作っておかなければならないのですが、遺憾ながらそこまではまだ力が及ばない状況でございます。
　何とぞ、事情をご賢察の上、悪しからずご了承くださいますようお願い申し上げます。

敬具

レッスンの進め方

1 ビジネス文書のフォーマット

1行ごとに、丁寧に読み、どこに何が書かれているのかを確認します。
また、ここでのあいさつには、「拝復」が使われていますが、その意味、ほかにどんなものがあるのか、どんな言葉とセットになっているのかなど、ルールを確認しましょう。さらに、「さて」「ただ」「つきましては」などの接続表現に注目します。こうした言葉の後、話がどう展開するのかを整理します。

2 ビジネス文書でよく使われる語彙

文書を正しく理解するためには、語彙の理解が不可欠です。この文書には以下のようなかたい表現が使われています。一つ一つ意味を確認しましょう。
「お申し越し」「時代の流れ」「代理店に委ねる」「私ども」「所存」「お申し入れ」「遺憾ながら」「力が及ばない」「ご賢察の上」「悪しからず〜」

3 日本人がよく使う話の進め方

この問題は、この手紙の用件が何なのかを①〜④から選ぶ問題です。

①販売部門は代理店に任せられない。　②これからは製造だけではやっていけない。
③流通システムを簡素化するつもりだ。　④直接取引には応じられない。

答えは④ですが、この文書には、「直接取引には応じられない」のような表現は出てきていません。直接断る言葉を使わずに、断っていることを伝える表現を抜き出してみましょう。「ただ」「本来ならば」「遺憾ながら」「力が及ばない」「悪しからずご了承ください」などがあがるでしょう。
断りのような状況では、相手の気持ちに配慮し、このような婉曲的な表現を使うことが多いので、何が言いたいのかがわからないという受講者がいます。特に、最初に「ごもっともなお考えだと存じます」のように相手の提案を認める表現を使っているので、ここまでを読んで、提案を受け入れてくれたと思ってしまうこともあるようです。授業の最後には、日本人が断りの際に、どんな話の進め方をしているのか、どうしてそんな進め方をするのかを考えてもらいましょう。
ここでは、依頼を断る際のストラテジーを扱いましたが、誘いを断る時、反対意見を言う時など、どんな話の進め方のストラテジーを使っているのかにも着目するといいでしょう。

★応用できるテキスト例
・『BJT ビジネス日本語能力テスト 公式ガイド 改訂版』 日本漢字能力検定協会
・『ビジネス日本語 オール・イン・ワン問題集』 ジャパンタイムズ出版　など

| 受　　　講　　　者：初中級者／ポルトガル人　メカニカルエンジニアのプライベートレッスン |
| 職場の共通言語は英語。 |

受　　　講　　　者：初中級者／ポルトガル人　メカニカルエンジニアのプライベートレッスン
職場の共通言語は英語。

受講者からの要望：読んだり聴いたりした記事や情報を理解し、わかりやすく説明できるようになりたい。
記事の内容が理解できるだけではなく、文の構造もしっかり理解したい。

授　　　業　　　目　　　標：聴読解によりインプットした情報を的確に伝えられる。
取り上げた文法を理解し、自分の言葉で再現できる。

レ ッ ス ン 時 間：60分×2コマ／週

レ ッ ス ン 形 態：ハイブリッド型（1コマ目：対面／2コマ目：オンライン）で実施

使 用 テ キ ス ト：『日本語文法ブラッシュアップトレーニング』アルク

使 用 箇 所：レッスン21（物が主体の受身）p.87～90

生　　　教　　　材：記事A　一緒にいると「気持ちがやさしくなる」ロボット
（NEWS WEB EASY 2023.03.08）
記事B　"弱いロボット"発売へ「癒やしや愛着湧く」たまに寝言も　（NEWS WEB 2023.03.07）
※ 記事A 記事B は、受講者本人が手書きで書き込めるように1週間前にURL、タスクを共有

>>> テキスト選定ポイント

　受講者は、来日してから買い物や旅行で出会った日本人との会話を通して断片的に日本語を習得してきました。理系で論理的な思考の持ち主で、文学やアニメにはまったく興味を示しません。メイン教材として使用した生教材の記事も開発・発明・技術といったテーマを好みます。

　日本語レベルとしてはNHKのNEWS WEB EASYのレベルですが、取り上げる技術系のニュースには本人の専門分野でも使用する語彙や表現が多いため、NEWS WEB EASYで読んだ後に元のニュースであるNHK NEWS WEBも読み、語彙学習やアウトプットにつなげます。

　積み上げ式の学習プロセスやテキストを嫌うので、初級前半の文法については品詞の導入をし、形容詞・動詞の辞書形の活用形は辞書形のみを書き入れたエクセルシートを本人に完成してもらい、文型の作り方は活用形ごとにまとめて教えました。

>>> 授業のポイント

　辞書形からます形・ない形・て形・過去形・可能形までは、受講者本人が日常の中で使えると思う文を作っていくという形で授業を進めました。ただ、初級文法を完全にマスターしたわけではなく文法的理解が断片的で間違いも多いため、『日本語文法ブラッシュアップトレーニング』（資料02　p.194-195参照）を使い初級文法のまとめをすることにしました。当初からの本人の要望に合わせるため、使用箇所の文法が出てくる記事を選び、テキストはあくまでも記事を理解するための補助教材として扱うようにしました。

レッスンの進め方

0　予習（読解）1週間前に共有した記事2点を読み、以下のタスクをした上で授業に臨む

タスク1： 記事A を読んで、「〜たり〜たり」をマークしましょう。
タスク2： 記事B をスキャニングし、受身だと思われる動詞をマークしましょう。
タスク3： 記事B の中の知らない言葉と表現に下線を引きましょう。
タスク4：Day1が終わってから、テキストのレッスン21を自習しましょう。
＊タスク1〜4は、実際に受講者向けに書いた指示文です。

Day1（対面） ||||||||||||||||||||||||||||||||||||||||||||||||||||||||||||||||||||||||||||||||||||||||||||||||||||||||||||

1　 記事A の音読
発音の確認と語彙・表現、漢字の読み方を確認します。

2　既習文法の確認
前回学習項目の一つ、「〜たり〜たり」の復習をします。

3　記事2点の内容確認
講師からの質問により、受講者が概要を話すイメージを浮かべられるようにします。

4　記事Aの再話
受講者は記事を見ずに、概要と自分の意見を話します。

5　「受身」の確認
記事B 内の文法「受身」を選び、活用形を確認します。

6 漢字学習

漢字の意味から未習熟語の意味を類推する練習をします。

Day2（オンライン）||||||||||||||||||||||||||||||||||||||||||||||||||||||||||||||||||||||||||||||||||||||

7 Day1の復習

記事B の音読→講師の質問により内容確認→再話→覚えたい語彙・表現を受講者本人が選択して短文を作成してもらいます。

8 テキストで学習

・「どうしてダメ？」「ポイントチェック」：講師からの質問をヒントに考えてもらいます。
・「やってみよう」「練習しよう①」はzoomチャット内にタイピング。
・「練習しよう②」「自分のことばで…！」は宿題としてLINE内にタイピング。

> ## レッスンを進める上での注意点

　この受講者には、自力で法則を見付けてもらうために質問を重ねていくという教え方をしています。就業後の学習のため、受講者の疲れ具合によっては英語で説明する場合もあります。好みの学習スタイルを尊重し、対面ではノートに手書き、オンラインではチャット内にタイピングをしてもらいます。ビジネスパーソンは手書きを必要とする場面が少なく、パソコンを使うため、日本語のレッスンでもタイピング練習は欠かせません。宿題がある場合は、連絡用に使用しているLINE内にタイピングしてもらいます。多忙な受講者にとって少しでも負担の軽い学習法を選ぶことによって、スキマ時間を有効に活用してもらうためです。

　テキストの「文法プレイバック」という項目で取り上げられている「迷惑の受身」は、後日、ほかの記事で扱いました。

....

★応用できるテキスト
・『STEP式 にほんご練習帳 受身・使役・使役受身』 ユニコム
・『短期集中 初級日本語文法 総まとめポイント20』 スリーエーネットワーク

受　講　者：上級者、大学生、漢字圏出身、15名
大学からの要望：基本的なビジネス文書が作成できるようになってほしい。
授　業　目　標：基本的なビジネス文書が作成できる。
レッスン時間：90分×2コマ
レッスン形態：対面で実施
使用テキスト：『10の基本ルールで学ぶ　外国人のためのビジネス文書の書き方』
　　　　　　　　　　　　　　　　　　　　　　　　スリーエーネットワーク
使　用　箇　所：p.107〜113

>>> テキスト選定ポイント

　各文書について、まず、作成の流れが丁寧に説明されており、次のサンプル文書にも作成上のポイントが示されています。実際の作成もスモールステップを踏んで進むので、働いた経験のない学生でも無理なく作成できるような構成になっていて使いやすいです。サンプル文書の例は「個人用食事スペース導入についての提案」で、受講者にとっても取り組みやすい内容が提示されています。

>>> テキストの練習

| 練習1 | 次の会話を基に、提案書を完成させましょう。 |

タン：　課長、1つ提案があるんですが、今使っているタイムカードをやめて、勤怠管理システムの導入を検討してみてはどうでしょうか。

鈴木課長：勤怠管理システム？

タン：　はい。今、全100名の社員の情報をPC入力するのに、毎月、2人のスタッフが1日かけて作業しています。でも、勤怠管理システムを使えば、この毎月の作業は必要がなくなります。これは、人件費の削減と業務の効率化になります。また、使用済みタイムカードを3年間保管しなくても良くなります。今、保管用の棚は4台ありますが、システム導入で、棚が空きます。これで、オフィスにファイルを入れる場所が少ないという問題も解決できると思うんです。

鈴木課長：そうだね……。

レッスンの進め方

本レッスンの前に話し言葉と書き言葉の違い、ビジネス文書の基本書式は学習済み。

1コマ目 |||||||||||||||||||||||||||||||||||||||||||||||||||||||||||||||||||||||||||||||||||||||||||||||||||||||||||||||||||||||||||||||||||||||||||||||||||||

1 ウォーミングアップ

2、3人のグループに分かれて、現在大学生活を送る中で、もっとこうだったらいいのにと思う点をあげてもらいます（不平不満は盛り上がります！）。その中で、大学に対するお願いを全体で共有します。何か本当に改善してほしいと思っていることは、仲間うちで話しているだけでは何も進まない、「提案書」の形で伝えることが重要であることにつなげます。

2 テキストの流れに沿って「提案書」がどういうものなのか確認

どんな時に提案書を書くのか、どんな内容を入れるのかを〈提案書作成の流れ〉を使って確認します。その後、サンプル文書を見ながら、作成のポイントを確認します。

3 提案書作成（1）

最初は、テキストにある練習1を使って会話の内容を提案書のフォームに落とし込みます。
項目やキーワードがすでに書かれているので、負担なく書くことができます（全員PCが使える状況であれば入力が望ましいですが、手書きでもいいです）。解答例と比べます。

4 提案書作成（2）

①で話した内容をもとに、学長への「提案書」を作成します。ここでは、提案書を作ってみることがポイントとなるので、多少現実離れした内容でも、フォーマットに落とし込み、提案書の形にまとめられればいいことにします。作成は宿題とし入力したものを提出します。致命的な文法間違いなどのみ添削し、次の授業で返却します。

2コマ目 |||||||||||||||||||||||||||||||||||||||||||||||||||||||||||||||||||||||||||||||||||||||||||||||||||||||||||||||||||||||||||||||||||||||||||||||||||||

添削したものを返却し、それをもとに、クラスで発表を行います。この時、提案書をそのまま読むのではなく、文末を「です、ます」に変えたり、適切な言葉を補ったりして話すようにします。発表後、「あなたが学長ならどの提案を受け入れるか」意見交換を行います。
最後に、講師より発表についてコメントをします。

授業実践例 6

受　　講　　者：中上級、就職活動中の学生・内定者、何人でも可

企業からの要望：会議など、まとまった話を聴きながら、メモが取れるようになっ
　　　　　　　　てほしい。

授　　業　　目　　標：ある程度まとまった内容の話を聴いて、応答したり、メモを取っ
　　　　　　　　たりすることができる。

レッスン時間：100分

レッスン形態：対面で実施

使用テキスト：『ビジネス日本語 オール・イン・ワン問題集』
　　　　　　　　　　　　　　　　　　　　　　　ジャパンタイムズ出版

使用箇所：p.58～61　E. キャッチコピー

>>> テキスト選定ポイント

　聴読解を練習するための教材が少ない中、本書は、BJT ビジネス日本語能力テスト
の対策としても使えるだけでなく現実の場面で求められるタスクが含まれており、実
践的です。

>>> テキストの練習問題

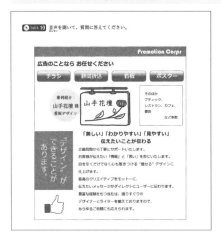

聞いてみよう
　上司に提出したものをチェックしてもらいました。上司のいろいろな反応を
聞いて、どんな評価なのか、考えてみましょう。

（スクリプトと解答例）　別冊 p.7
①もっとなんとかならないの？　⇒改善を求めている。
②まあ、こんなとこかな。　⇒渋々容認している。
③これはこれでいいんじゃない？　⇒渋々容認している。

レッスンの進め方

　この練習は、ホームページのデザイン案を見ながら、上司からの電話で指示を聞き、
いくつかの点について再検討をするというものです。

1　デザイン案の内容を確認
　どこに、どのような情報が載っているかを確認します。

2　漢字や語彙について、読み方と意味の確認
　単に問題を解くという目的でこのデザイン案を見るなら、すべてを理解する必要
はなく、問題の解答のみを選べばいいのですが、ここでは、このデザインを書い
た人が、上司の指示を聞いて、このデザイン案を修正するというのが目的です。
そのためには、デザイン案を作った人になりきる必要があります。

3　音声を聴く
　音声を聴きながら、上司の指示に従って、メモを取るように指示します。デザイ
ン案のどこをどのように修正するように指示されたかをメモし、それを自分の言
葉で言ってもらいます（報告してもらいます）。

レッスンを進める上での注意点

　実際の場面であれば、聴き取れなかったことは、聞き直したり、繰り返してもらっ
たりすることができます。練習だから何度でも音声が聞けるというふうに考えるので
はなく、1回目で聴き取れず、よくわからなかったところをしっかりと把握し、その
部分のみを確認するようにすると、現実的な聴き取りのストラテジーと同じになるの
ではないでしょうか。
　問題を解き、正解を導くための練習ではなく、現実にこのようなタスクをすること

を想定したものとして練習しましょう。本来なら、ここまでがBJTビジネス日本語能力テストの設問ですが、応用として、この後に修正したデザイン案を上司に提出し、上司の反応を聞いて、それがどのような反応なのかを確認するという練習をするのもいいでしょう。その場合、上司役は教師が担います。またテキストのp.61の「きいてみよう」では、上司の応答の意味を確認するという練習があるので、その表現を使って、教師が上司の役割を担うのもいいでしょう。

受　　講　　者：初級者、ベトナムからの出向者（来日後すぐ）、4名
企業からの要望：日本の職場での基本的なビジネスマナーを身に付けてほしい。
授　業　目　標：状況に応じたお辞儀ができる。
レ ッ ス ン 時 間：終日研修の中の50分
レ ッ ス ン 形 態：対面で実施
使 用 テ キ ス ト：『改訂版 留学生・日本で働く人のためのビジネスマナーとルール』
　　　　　　　　　日本能率協会マネジメントセンター
使　用　箇　所：p.62〜65　第2章5節「お辞儀」

≫≫ テキスト選定ポイント

　マナーの型だけを教えるのではなく、日本人はなぜそうしているのかを考えてもらいたいと思いました。各節の最初に「自分なら、どう思いますか？　どうしますか？」というミニケースがありますので、ここで「考える作業」を行い、実践練習へと進みます。今後、日本で仕事をするにあたり、仕事に対する考え方の違いなどにも遭遇すると思いますが、その時にも、なぜそうするのかを考えることで、問題解決の糸口がつかめるのではないかと思っています。

　また、本テキストはN3程度の学習者を対象としていますが、「使い方のヒント」（テキスト掲載のQRコードよりアクセス可能）には、ベトナム語訳があり、初級者はテキストの読解に時間をかけることなくマナー学習に集中することができます。

≫≫ テキストの内容

レッスンの進め方

1 「あいさつ」について考える

まず、受講者の国でのあいさつ（特に、ジェスチャー）について紹介してもらいます。その後、日本ではあいさつの際に、何をしているのか、ほかの国では、など話を広げます。そして、このようなジェスチャーにはどんな意味があるのかを考えます。インターネットを使って調べてもいいでしょう。

テキストの「1. お辞儀の習慣」を読み、お辞儀をする理由の一例を確認します。次に、「自分なら、どう思いますか？　どうしますか？」を読み、お辞儀と言葉の関係について考えます。そして、「3. 状況に応じたお辞儀」を読み、お辞儀の角度は、状況や言葉とセットであることを確認します。

2 実践練習とフィードバック

「2. お辞儀の仕方」を参考に、立ち方やお辞儀の際のポイントを確認します。講師がやってみせてもいいですし、お手本になる動画などを見せてもいいでしょう。動画の方が、講師が説明役になれるので便利なこともあります。

練習する際は、無言ではなく言葉とセットで実践しましょう。ある程度形ができたら、ペアになって練習します。その時受講者は観察者役にもなり、人のお辞儀を客観的に見ます。背中が丸まっている、体を倒すスピードが遅いなど、人の実践を見ることで参考になることも多いです。また、スマートフォンでペアでの練習を横から動画撮影し、すぐに投影してフィードバックをすることも効果的です。最後に、職場での簡単な自己紹介をし、状況にふさわしいお辞儀を実践します。

オンラインの授業でお辞儀を扱う時、実践練習の際は、カメラに対して横向きに座ってもらいましょう。また、受講者が複数いる場合は、受講者の半分は観察者役になるなど、ちょっとした工夫をすることで、コメントがしやすくなります。

★応用できるテキスト
『しごとの日本語　ビジネスマナー編』 アルク
『これ一冊で仕事のすべてがわかる！ 日本で働くための本ー就活生から社会人まで』 アスク出版

受　　講　　者：中上級、多国籍、内定者
企業からの要望：入社後の職場でコミュニケーションに困らないようにしてほ
　　　　　　　　しい。
授　業　目　標：なぜ敬語を使う必要があるのかを理解し、使い分けることが
　　　　　　　　できる。
レッスン時間：14コマ〜22コマ（内10コマ〜18コマはプライベートレッ
　　　　　　　　スンのみ、残りはグループセッション）
レッスン形態：対面で実施
使用テキスト：『改訂版 留学生・日本で働く人のためのビジネスマナーとルール』
　　　　　　　　日本能率協会マネジメントセンター
使　用　箇　所：第4章1節「ウチとソトの関係」、第5章1節「敬語の使い方」

>>> テキスト選定ポイント

　筆者らがこれまで教えてきた外国籍社員、内定者研修を通じて積み重ねてきたもの
をまとめた集大成のテキストで、以下のポイントが含まれています。
1. ウチとソト　　2. 職場でのウチとソト　　3. 状況で変わるウチとソト
4. 敬語の役割　　5. 敬語の基本

>>> テキストの練習問題

＊右下のイラスト（スライド）は、テキストのダウンロードコンテンツです。

理解を深めましょう！
1. 次の①〜④の文章について、A・Bのうち、正しいこと
　ばを選んでください。
① 明日の午前中は、自宅には
　（A：いたしません／B：おりません）
② はじめまして。アメリカから参りましたスミスと
　（A：申します／B：申し上げます。）
③ 私は来週、仕事で京都に（A：うかがいます／B：参り
　ます）。
④ 昨日の会議についてご報告
　（A：いたします／B：申します）

レッスンの進め方

1 敬語の背景
ビジネス日本語には欠かせない、敬語を教えます。敬語そのものを導入する前に、なぜ日本語には敬語が存在するのかについて「ウチとソト」の関係を理解することから始めます。日本社会の構図、構成、コミュニケーションといった人間関係を理解してから、言葉（＝道具）を覚え、使えるように指導します。

2 エピソードから考える
本テキストは「自分ならどう思いますか？　どうしますか？」という外国籍社員が直面しそうな場面や実際に起こったエピソードをまず読んで（見て）、学習者に身近に感じてもらいます。どのくらい理解しているか事前知識を「クイズ」で確認します。その後、本文を使って学習者にとって、誤解が生まれやすいこと、知っておいてほしいことについて解説していきます。読解教材として使うのではなく、内容を重視したパワーポイントなどのスライドでイラストや人々のやりとりを通して理解を促します。

3 意見交換
最後に「理解を深めましょう」で内容確認のクイズをします。ここでは、一方的に知識を伝達するのではなく、意見交換をしたり、話し合いをしたりして理解を深めていくことを目的としています。

★応用できるテキスト例
『マンガで体験！にっぽんのカイシャ ～ビジネス日本語を実践する～』 日本漢字能力検定協会
『それ、知りたかった！カイシャの日本語』 日本漢字能力検定協会

受　　講　　者：初級終了、多国籍、内定者
企業からの要望：入社後、職場の同僚や上司とコミュニケーションが取れるよ
　　　　　　　　うになってほしい。
授　業　目　標：自分のことを表現する言葉には複数あることを知り、場面や
　　　　　　　　相手によって使い分けることができるようになる。
レッスン時間：約100分
レッスン形態：対面で実施
使用テキスト：『マンガで学ぶ日本語表現と日本文化―多辺田家が行く!!』
　　　　　　　　　　　　　　　　　　　　　　　　　　　　　　　アルク
使　用　箇　所：p.18〜23　4月「わたし？　おれ？　自分のこと何ていう？」

>>> テキスト選定ポイント

　本テキストは、日本の文化と社会が留学生（ビーフくん）の目を通して描かれています。留学生が疑問に思うことの中には、日本の企業文化に関することも多く描かれています。漫画なので、臨場感があり、単なる読み物とは違い、絵やセリフで状況がわかりやすくなっていることも本テキストを選んだ大きな理由の一つです。ビジネスパーソンに漫画は子どもっぽいと思われるのではと心配する人もいるかもしれませんが、この漫画は教材として作られたものです。使用する日本語教師が日本語学習者のために描かれたのだということをきちんと説明すれば強力な教材になります。

>>> テキストの練習問題

＊マンガは一部抜粋

確認問題② 正しいものに〇、まちがっているものに×を書きましょう。

① (　　　)「わたし」は、男の人も女の人も使う。
② (　　　)「せっしゃ」は、時代劇で男の人が使う。
③ (　　　)「わし」は、男の人がていねいにいうときに使う。
④ (　　　)「ぼく」は、男の人が使う。

応用問題② ほかに「自分」を表す言い方はありますか。調べて書きましょう。
周りの日本人にも聞いてみましょう。

レッスンの進め方

相手、場面、状況によって、言葉遣いが違うことを「呼称」を例に指導します。呼称だけでなく、敬語も同じような考え方であることを伝えます。さまざまな授業の仕方がありますが、以下一例を紹介します。

1 漫画の読み方を確認する

2 黙読・音読をする
学習者一人ずつ、グループ全体で読み合わせをします。適宜、語彙の意味の確認をしたり解説を加えたりしましょう。アテレコや会話練習などの活動としても使えます。

3 「確認問題」を使って理解を確認する
宿題にしたりすることも可能です。

4 「応用問題」をする
日本人にインタビューしないとできない問題が準備されているので、周囲の日本人とコミュニケーションを取るきっかけにします。

★応用できるテキスト
『マンガで学ぶ日本語表現と日本文化―多辺田家が行く!!』 アルク
p.88～93　9月「お母さん」はだれの「お母さん」?」

🔍
```
受　講　者：中上級、内定者（20歳以上）、多国籍
企業からの要望：日本の企業文化について知っておいてほしい。
授　業　目　標：ウチとソトの関係を理解し、適切な電話応対ができる。
レッスン時間：90分〜100分
レッスン形態：対面で実施
使用テキスト：『マンガで体験！ にっぽんのカイシャ 〜ビジネス日本語を実践
　　　　　　　する〜』 日本漢字能力検定協会
使用箇所：p.18-19　Chapter 1 06「その呼び方、ちょっと待った！」
```

>>> テキスト選定ポイント

　本テキストはBJTビジネス日本語能力テストを主催している日本漢字能力検定協会
が出しているテキストであるため、ビジネスの状況に応じた内容がわかりやすく表現
してあります。4コマの漫画を導入として紹介し、学習者に興味を持たせようとして
います。その後、クイズがあり、漫画の内容を理解したかどうかをクイズ形式で確認
します。

>>> テキストの練習問題

使ってみよう	次の会話を、マンガのシーンを思い出しながら、それぞれの人物になって話してください。

① はい。P社でございます。

② 私、Q社の山本と申しますが、佐藤部長をお願いします。

③ かしこまりました。部長の佐藤ですね。少々お待ちください。

社内の人は敬称なしですね

会話を作ろう	A・Bの人物の立場で、それぞれの指示に従ってセリフを作り、話してください。

〔AはX社の社員、BはY社の社員の鈴木〕

A：（電話に出て）社名を名乗ってください。　→

B：社名と名前を言って、小林部長がいるかどうか聞いてください。　→

A：返事をして、Bが話したい社員の名前を確認してください。　→
そのまま少し待ってもらうようにお願いしてください。

レッスンの進め方 ✏

1 まずは教師が読む

4コマ漫画はいきなり学習者に読ませるより、教師の方で、説明しながらセリフを読み上げるのをお勧めします。その後、「考えよう」で理解度をはかります。次に「解説」を読みます。ここは、学習者に音読させてもいいでしょう。

2 会話練習

「使ってみよう」は漫画に応じた会話シーンの読み合わせです。「会話をつくろう」では、指示に合ったセリフを書きます。その後、会話を演じてもらうこともできます。ただ、「読む」だけでなく、会話練習として活動的に練習ができ、一石二鳥です。

･･･

★応用できるテキスト例
『マンガで学ぶ日本語表現と日本文化—多辺田家が行く!!』 アルク
『改訂版 留学生・日本で働く人のためのビジネスマナーとルール』 日本能率協会マネジメントセンター
『それ、知りたかった!カイシャの日本語』 日本漢字能力検定協会

受　　講　　者：上級者、新入社員、3名
　　　　　　　＊受講者はお互いによく知っている（受講者同士がよく知ら
　　　　　　　　ない場合、意見を言いやすい雰囲気づくりの時間が必要）。
企業からの要望：職場で遭遇しそうな事例について、さまざまな立場から考え、
　　　　　　　　自分なりの解決方法を探す力を身に付けてほしい。
授　　業　　目　　標：仕事の指示を受けた時、どんなことに注意すればトラブルを
　　　　　　　　回避できるか考えることができる。
レッスン時間：集中研修の中の120分
レッスン形態：対面で実施
使 用 テ キ ス ト：『ビジネスコミュニケーションのためのケース学習　職場の
　　　　　　　　ダイバーシティで学び合う【教材編】』 ココ出版
使　　用　　箇　　所：p.16〜22　CASE 02「私に任されたはずなのに…」

>>> テキスト選定ポイント

　入社後、遭遇しそうなテーマが選ばれていて、身近な問題として考えやすいです。
タスクシートも丁寧に作られているので、講師があえて準備するものはありません。
総ルビのテキストなので、日本語上級者は、「初心者向けのテキスト」と思ってしま
うことがあります。このテキストは日本語レベルにかかわらず使用可能であり、話し
合いなどで問題解決を目指す中で日本語を学習するのだということを、きちんと伝え
るようにしています。

>>> テキストの練習問題

CASE 02　　私に任されたはずなのに……

　私は日本とインドの合弁会社（機械）に勤務しているインド人エンジニアのクマルです。
この会社で働く日本人社員は10名程で、ほとんどは私と同様にインドで現地採用され
たインド人社員です。私は入社後に日本語の学習を始め、2年前に旧日本語能力試験3
級に合格しました。日本語能力を評価され、数カ月の技術研修を日本で受けたこともあ
ります。これまで仕事を通して、日本語だけではなく、日本人の考え方や仕事のやり方
についてもずいぶん勉強してきたつもりです。
　ところが、私は今困った状況に立たされています。（略）

レッスンの進め方

　企業の方に加わっていただくこともできます。その際は、この活動が一つしかない答えにたどりつこうとするものではないことをきちんと伝え、全員がフラットな関係で話し合い、企業の方が受講者にレクチャーをすることがないように注意をする必要があります。

1　ケースを読み、タスクシートに記入する
順番にケースを音読し、内容を確認します。簡単な質問を用意しておくと進めやすいです。その後、個別作業としてタスクシートに記入します。この活動は一つだけの答えを見付けるためのものではなく、立場の違う人の気持ちになり物事を考えることで、一人では思いつかなかった新たな解決方法を生み出す活動であることを説明しておきます。

2　受講者同士で意見共有
ほかのメンバーの意見を聞いたら、何かコメントしたり、質問したりするようにします。発表者が順番にシートに書いてあることを話す「発表大会」にならないように注意します。限られた時間の中ではすべての質問を扱うことより、深く話し合いができるトピックについて話し合うようにします。自分と違う意見は、違う色のペンを使ってタスクシートにメモをして、多様な意見があることを可視化します。講師は見守り役となります。

3　全体共有
講師がファシリテーターとなり、それぞれの質問についてどんな意見が出て、どんな話し合いがあったのかを聞き、ホワイトボードにメモをします。補足説明したい人、質問がある人など、自由に意見交換を行います。受講者は、②同様、新しい意見や考え方をタスクシートに書き足していきます。

4　ふりかえり
タスクシートをもとに活動全体をふりかえり、活動前と今とでどんな気付きがあったのか、また、今日の事例について、今の自分なら、どう行動するのかを全体共有します。

....

★応用できるテキスト
『ビジネスコミュニケーションのためのケース学習 職場のダイバーシティで学び合う【教材編2】』　ココ出版
『"異文化"トラブル解決のヒント！日本人も外国人も ケース学習で学ぼう ビジネスコミュニケーション』
　　　日経HR
『留学生のためのケースで学ぶ日本語 問題発見解決能力を伸ばす』　ココ出版
『ロールプレイで学ぶビジネス日本語 グローバル企業でのキャリア構築をめざして』　スリーエーネットワーク

受　　講　　者	：中上級者、多国籍クラス、6〜10名
企業からの要望	：一般的な語彙を使って事実を伝え、質問に答えたり説明したりできるような力を付けてほしい。雑談力を付けチームビルディングに貢献してほしい。
授　業　目　標	：特定のテーマについて情報収集したことを発表し、その後のディスカッションを進行することができる。 発表の内容を理解し、質問したり、意見や感想を述べたりすることができる。
レッスン時間	：1コマ60分、週1回×人数分のコマ数（毎回一人が発表者となる）
レッスン形態	：オンラインで実施
使　用　教　材	：学習者はインターネット内の発表テーマの参考記事を各自選択し、記事のURLをグループLINE上で共有する。クラス人数分の生教材を使用する。
使用テーマ	：地域おこし（町おこし・村おこし）

>>> テーマ選定ポイント

　完全リモートの働き方が進む中、チームビルディングがうまくできないのが、日本語を超えた企業側の課題でもあることを聞き、日本語授業×チームビルディングというコースデザインをしました。雑談ネタにもなるテーマにより、メンバーの興味や性格を知ることで、気軽に話しかけられる「ザッソウ環境（上司や同僚と雑談を交えアイデアなどを相談できる状態）」を作れるよう考えました。自由テーマではなく「地域おこし」と枠を定めたのは、構成メンバーの専門分野や趣味が異なるためです。アニメ・ゲームなど、発表テーマによっては、聴き手が質問や意見をしにくくなる恐れがあるからです。各自の専門分野やコアな趣味から離れ、誰にでもわかるテーマにしました。一見、ビジネスのための日本語学習ではなさそうですが、地域おこしの事例には発想力を鍛えるヒントがあります。日本語で情報収集したり、日本事情を知ったりすることも、ビジネスパーソンにとって大切なことの一つです。

レッスンの進め方

0　授業の前日までに
　【発表者】・グループLINE上に発表事例の参考サイトURLを共有する。
　　　　　　・当日授業で共有する写真や動画を各自パソコン内に準備しておく。
　　　　　　・当日、追加情報を見付けた場合は発表時間内にチャットで共有する。
　【参加者】・各自できる限り、授業までに共有されたURLの記事を読んでおく。
　　　　　　・質問したいことがあったら、メモしておき、授業に臨む。

1　アイスブレイク：10分
　【講　師】発表テーマに関連する雑談をする。その地域がどこにあるか、行った
　　　　　　ことがあるかなど、内容に触れない程度の質問で場を温める。

2　発表時間：20〜30分
　【発表者】サイト記事の関連画像、動画を共有しながら話す。

3　受講者による質疑応答とフィードバック：15分
　【発表者】発表が終わったら、司会役となり、質疑応答とフィードバックを求める。
　【参加者】必ず、一人一つ以上の質問や意見を述べる。

4　講師からのフィードバック：5〜15分
　・発表者と学習者の日本語の間違い（語彙の選択、発音など）についてはチャッ
　　トに入れる。（ZOOM退出前に参加者全員がチャットを記録し、授業の後で復
　　習する）
　・良かった点や面白いと思った点など、ポジティブなフィードバックを理由と共
　　に伝える。
　・これができたらもっと良かったという改善点を伝える。
　・参加者についても、発表者への気配りも含め、質問や意見についてコメントをする。
　・時間が余った場合は、講師のチャットを参考に参加者が共通して間違えやすい
　　文法や発音の確認、練習をする。
　・特に覚えてほしい語彙・表現は例をあげて説明する。
　　（語彙・表現の選択基準は、受講者が日常生活や仕事の中で使えるものであること）

> ● **レッスンを進める上での注意点**

　前もって（1）全員が必ず発言する（2）ほかの人と同じ発言はしない（3）「良かっ
た」場合、何がどう良かったのか伝える（4）発表時、ほかのメンバーはマイクオフ・

カメラオンで参加する、というルールを決めておけば率先して発言する学習者が増えます。

　質問には基本的に発表者が答えますが、答えられない場合は、実際にその地域に行ったことがある人が答えたり、発表中にその情報が載っているサイトを見付けた人が率先して共有したりするようになりました。講師は、文法や語彙の質問以外は発言を控えるようにしています。受講者たちの発表時間内は、講師は声を出さず、チャット内に発音、語彙の選択、文法上の間違いだけをタイピングしていきます。特に覚えてほしい語彙・表現があった場合は星印を付けタイプします。

　おのおの部署が異なり、5分程度遅れて参加する受講者もいるため、アイスブレイクは、ほぼ全員そろうのを待つためです。

　シリーズ初回の授業は、ガイダンスとして来週からの活動例として講師が発表しました。今回、講師が選んだのは「株式会社いろどり」の『葉っぱビジネス』についてです。いくつかのサイトを共有し、切り取った地図や画像を共有しながら30分で話しました。どのように探して、ほかのサイトの内容と併せて話したかを見せ、実際に全員の質問と意見を受け、講師が質問に答えられないことは受講者全員に助けを求め、誰かが代わりに答えてくれるという体験をしてもらいました（答えられない場合の対処法を示し、安心感を与えるため）。

【講師が共有したサイト】＊URLは2023年6月現在
https://irodori.co.jp/about/
https://www.projectdesign.jp/201510/pn-tokushima/002488.php
https://spaceshipearth.jp/happa-business/
https://minorasu.basf.co.jp/80094

　今回の発表は、職場の繁忙期であったため、負荷の重い資料作成は課していません。その代わり、発表中は内容に関する写真や地図などを共有することにしました。

　職場の会議ではカメラオフの部署もあるそうですが、受講はカメラオンを原則としています。気になる場合はアバターでもいいとしています。アバターでもうなずきやリアクションが見えるからです。発表者もそこに聴き手がいることを意識することができます。モチベーションをキープするためにもカメラオンをお勧めします。

　日本語での情報収集がベストですが、受講者の日本語レベルによっては英語や母語での情報収集を許可してもいいかもしれません。このクラスでは日本語での情報収集を条件としましたが、辞書機能の使用は常に許可しています。

....

★応用できるテーマ
・日本企業・外資企業がしているSDGsの実例
・お勧めの日本の観光地とお勧めポイント
・お勧めの自国の観光地とお勧めポイント
・国によって違う習慣のいろいろ（冠婚葬祭、祝日の行事、子育てなど）
・自社と他社のダイバーシティ施策について

授業実践例　13

＊本授業実践を含むコース全体はコース案7（p.91）参照

受　　講　　者：初中級～上級、中国人、20名
企業からの要望：人数は多いが、講義ではなく全員参加型の研修にしてほしい。
　　　　　　　　発音を改善し、聴き手の負担が少なく誤解されない話し方が
　　　　　　　　できるようにしてほしい。
　　　　　　　　同僚の助けを借りずに取引先に正しく意図が伝わる発音を身
　　　　　　　　に付けてほしい。
　　　　　　　　ソフトで感じのいい話し方ができるようになってほしい。
　　　　　　　　自分の発音を客観的に聴き、自ら改善できる方法を見付けら
　　　　　　　　れるようになってほしい。
授　　業　　目　　標：発表の内容を理解し、質問したり、意見や感想を述べたりす
　　　　　　　　ることができる。
レッスン時間：1回2時間、3カ月で4回
レッスン形態：オンラインで実施
使用テキスト：『伝わる発音が身につく！ にほんご話し方トレーニング』
　　　　　　　　　　　　　　　　　　　　　　　　　　　　アスク出版
使　用　箇　所：p.58、59、61、62、64、65、67～69
企業内資料：「会議の定型表現」

>>> テキスト選定ポイント

　反転授業のため、説明が簡潔で音声がダウンロードできることは必須だと考えました。元々発音に苦手意識がある受講者たちが精神的負担を感じないようテキストは薄いものを選び、課題の録音・提出には受講者が気軽に使えるWeChatを使用しました。

レッスンの進め方

〈第4回目：最終回〉

❶　独習　課題提出

1　「発音強化コースを終えて」をテーマに10行以内の作文を提出する。
　　・どのようにがんばってきたか、精一杯やったと言えるか、このコースで学ん
　　　だこと、受講により、自身が変化・上達したこと、発音の弱点と今後の努力
　　　目標などを盛り込む。何度も練習し、録音して音声でも提出する。

142　実践編　2　ビジネス日本語の指導内容

1 アイスブレイク

口慣らしを兼ね、講師に続いて「会議の定型表現」を全員でリピーティングする。

2 発話練習

講師の各項目のpoint解説の後、一人1文ずつ、会話形式のものはペアで、発音する。フィードバックしながらオーバーラッピングを重ねる。一人ずつ、留意すべき点を伝える。ほかの人はマイクオフにしてオーバーラッピングする。

3 コースのふりかえり

課題の『発音強化コースを終えて』を発表する。

4 講師からフィードバック

リスト（次ページ参照）と練習法、改善ポイントを共有する。各自、自己分析と講師のフィードバックとの違いを確認する。

5 まとめ

1 気付き：「できるようになった発音・まだできない発音」「今後の課題と努力目標」を話す。

2 講師より最後の言葉：発音練習は筋トレ、コツコツ続ければ、必ず上達すると伝える。

レッスンを進める上での注意点

「会議の定型表現」は各自、社内で集めたものです。企業内担当者や受講者の日本人の同僚の協力を得られることも多いかと思います。

授業日の間隔を空け、各自が立てた学習計画に基づき、毎日10分ほどの練習を課しました。4回とも録音課題がありましたが、初めの2回は講師からのフィードバックはしませんでした。提出課題は録音後、付属CDかダウンロードした音声と自分の発音を聴き比べ、自己分析するためだと伝えてありましたので、3回目までリストに〇×で自己分析しておいてもらい、4回目の最終回で講師より、それぞれの発音の弱点と改善法をフィードバックしました。

この研修は、20名、8時間で成果を出す必要がありました。もちろん、授業時間内だけでは成果が上がりません。授業中に効率よく多くの練習を入れることだけではなく、多忙な毎日でも練習を重ねてもらえるよう、度々声掛けする気遣いも必要だと思います。

以下のリストと枠外のコメントは、最終日に共有したものです。項目は今回の受講者たちの弱点をリストアップしたものですので、受講者によって適宜変える必要があります。

氏名	イントネーション	アクセント	複合語*①	リズム	です・ます*②	清音・濁音	長音	促音	拗音	な行・ら行	だ行・ら行	撥音・ん	母音a・e・o	コメント
OG	○	×	×	△	○	△	○	○	○	○	○	×	△	イヌ型かネコ型か意識すること
OH	△	×	○	○	○	×	×	×	○	○	△	○	○	長い音、小さい「ッ」も1拍
OR	△	○	○	○	○	○	○	○	○	○	○	○	△	文にした時「へ」の形で
GS	△	×	○	○	△	△	○	×	×	○	○	○	○	キャ・キュ・キョをはっきり
KT	○	○	○	△	○	×	○	○	○	○	△	○	△	タとダの違いを意識して
KK	△	×	○	○	×	○	○	○	○	○	○	○	△	「です・ます」の「す」を軽く
SS	△	△	○	○	○	○	○	○	○	○	○	○	×	聴く練習をしましょう
SH	△	×	○	○	○	○	○	○	×	×	○	○	×	奈良なら7回行きました
SS	△	△	○	△	○	○	○	○	○	○	○	○	×	毎日練習する習慣を付けて
SR	○	○	○	○	○	○	○	△	○	○	○	○	×	きれい？ きらい？
SH	○	○	○	○	○	○	○	○	○	○	○	○	△	HとLを意識して
SE	○	○	○	○	○	○	○	○	○	○	○	○	○	花？ 腹？ 奈良
TK	○	○	○	○	○	○	○	○	○	○	○	△	○	小さい「ッ」はちょっと待って
OK	○	○	○	○	○	×	○	×	○	○	○	△	○	長い音と小さい「ッ」も1拍
OE	○	×	○	○	○	×	○	△	○	○	○	○	○	電気？ 天気？
MS	○	○	○	○	×	○	○	○	○	○	○	○	△	大学？ 退学？
MK	○	○	○	△	△	○	○	○	○	○	○	○	×	長い音に気を付けて
RK	△	×	○	○	△	○	△	○	○	○	×	○	○	ダラダラダラ
RS	○	×	○	○	○	○	○	○	○	○	○	○	×	都会？ 時計？
LS	○	○	×	○	○	×	○	○	○	○	○	○	△	複合語に気を付けて

*① 複合語の例「バレンタインチョコレート」など二つの語が一つになった場合は、「チョコレート」の「ー」のところで下がります。「バレンタイン」はLHHHLL、「チョコレート」はLHHLLですが、「バレンタインチョコレート」はLHHHHHHHHLLとなります。(Lは低い、Hは高い)

*② 文末の「です」「ます」は2拍ではなく1拍で、中国語の軽音のように軽く発音する。「DES」ではなく「des」のような感覚。

【最後に】 今まで皆さんの録音課題にコメントをしてこなかったのは、自分の耳を鍛えていただきたかったからです。模範となる発音と自分の録音した発音を聴き比べ、どこが違うのか知り、練習することが大切です。

受　　講　　者：初中級〜中上級、12名
企業からの要望：テレワークが続く中、雑談できる環境が少なくなってきた。
雑談ネタになる情報を人に伝え、そこから話を広げられるような日本語力を付けてほしい。
授　　業　　目　　標：聴読解により理解した情報から関連したことへと話題を広げていくことができる。
自分の考えを人に伝えたり、ほかの人の気持ちに配慮して質問したりしながら気軽に相談できる関係性を作っていくことができる。
レッスン時間：1コマ60分、年末に1コマ、年始初日に1コマ（計2コマ）
レッスン形態：オンラインで実施（対面でも同様に行うが今回はオンライン）
生　　教　　材：①NEWS WEB EASYほか、各種記事・動画
②公益財団法人　日本漢字能力検定協会
https://www.kanken.or.jp/kanji2022/
使 用 テ ー マ：「今年の漢字」

>>> テーマ・教材選定ポイント

　「今年の漢字」のテーマのニュースは、毎年取り上げられるため、初級後半から上級まで、ニュースのレベルもタスクもそれぞれのクラスに合わせ、年末年始の恒例行事のように扱っています。
　読解、聴解、漢字などの日本語学習に合わせて、雑談ネタの例として、日本の世相を知るため、自己開示し対話するため、最後は実際に応募してみるところまで、受講者の特性やクラスに合わせ、難易度を変え、ニュース授業の構成を考えています。

レッスンの進め方

1回目：年末12月12日「今年の漢字」発表当日か直後のレッスン ‖‖‖‖‖‖‖

❶ 準備段階
　前の授業で、当日の予告をし、各自今年の世相を表す漢字を予想してきてもらう。

1 発表（ここから当日）

紙やチャットに各自選んだ漢字を1文字ずつ書き、選んだ理由と共に発表する。
注）非漢字圏の受講者が多い場合やレベルによっては辞書を使ってもいいこととする。

2 記事とニュース動画の聴読解

「今年の漢字」を確認する。

3 要約

教師より5W1Hでクラスに質問をし、手を挙げた一人が要約し、メンバーが補い、
語彙確認、雑談へとつなげる。
注）「今年の漢字」を発表する会場が京都の清水寺なので、「清水の舞台」の写真を共有
し、「清水の舞台から飛び降りる」という表現を教える。

4 雑談「清水の舞台から飛び降りた気持ちでやった経験」について話す

5 発表「私の今年の漢字」

各自今年の自分を表す漢字を決め、チャットに打ち込み（対面なら紙に書く）選
出理由を話す。

6 まとめと予告

「抱負」という言葉の意味と使い方を確認する。
新年初日は、今年の抱負を表す漢字1文字を書いて話してもらうと予告する。

2回目：新年初日 |||||||||||||||||||||||||||||||||||||||||||||||||||||||||||||||||||||

1 新年のあいさつ、アイスブレイク

雑談の後、全員チャットに「今年の抱負を表す漢字」1文字を入れる。

2 一人ずつ「今年の抱負」発表。クラスからの質問により、話題を広げる。

チャット（対面の場合は紙に書く）に入れた順に、一人ずつ「今年の抱負」を話す。
一人話すごとに、講師も含め、クラスメンバーが興味を持ったことを質問する。
講師は、話の合間に使える語彙・表現を、オンラインレッスンならチャットに、
対面なら板書する。意味は、わかる人に、または辞書機能で調べた人に日本語で
説明してもらう。

3 毎年、新年に抱負を決めているか聞く。決めている人、誕生日に決めている人、まっ

たく決めない人、さまざまで、自然に学習者同士の雑談が続く。

4 まとめ

日本漢字能力検定協会のサイトで過去の『今年の漢字』とその理由を知る。

レッスンを進める上での注意点

　雑談につなげたいので、なるべく自然に会話が進む形にしたいと思っています。かしこまった「発表」ではなく、談笑する雰囲気を保ちたいと思っています。

　このクラスには「清水の舞台から飛び降りる」という表現を知っている受講者がいました。そこで、この受講者に講師役を任せ、説明してもらいました。講師はこの受講者のサポート役として、必要なら補足をして雑談につなげるようにします。このクラスでは、補足の必要もなくスムーズに雑談に移れましたが、そうでない場合もあります。講師の役目を引き受けてくれた受講者の理解が生半可で使い方を間違えている場合もあります。その場合は講師役を務めてくれた受講者に恥をかかせないよう、補足や訂正の伝え方に気を遣いましょう。

★応用できる生教材・テーマ
「サラッと一句！　わたしの川柳コンクール（元サラリーマン川柳）」（第一生命）
こちらは5・7・5で拍の学習にも使えますし、世相や日本人のユーモアに触れる機会にもなります。この句がなぜ滑稽なのかを考えることでクラスが盛り上がります。個々に選んだ句について発表する練習にも使えます。各自川柳を作り、自分について話すことにつなげられます。

「新語・流行語大賞」（ユーキャン）
中上級から上級向けと言えます。日本事情や流行を知らないと難しいものですが、広く日本を知るきっかけにもなります。前もって、担当を決め、流行語について調べてきてもらってもいいでしょう。担当者はその言葉が生まれた経緯も併せて説明し、質問に答えます。この1年が日本にとってどんな年だったか、今後どのような物事が流行するかなどの雑談につなげると話が広がります。

今年ヒットした商品・上半期トレンド商品番付など
多くのデータがネット上にあふれています。受講者の属性に合わせて取り上げてみましょう。
「私が買ったヒット商品の商品説明と感想」や「人気商品の使用上の注意点」「口コミで買って後悔したもの」などの雑談ネタにもつなげられます。

3 ビジネス日本語教師の働き方

　この章では、実際に「ビジネス日本語教師」として働くにはどのような方法があるか見ていきましょう。大きく分けると二つの働き方があります。一つは、学校など日本語教育機関の教師として働く方法、もう一つは、自分でクライアントを見付け、クライアントから直接請け負うフリーランスとして働く方法です。それぞれの働き方の特徴を見ていきましょう。この働き方の違いのポイントは、皆さんのクライアント＝雇い主は誰かということです。

１　教育機関所属の教師として働く

(1)　心得

　教育機関に所属する場合、クライアントは企業やビジネスパーソンではなく、あくまでも皆さんが働く日本語学校や日本語教師登録機関です。その教育機関の教室で教える場合もあれば、企業や受講者の自宅などの指定場所に赴く場合もありますが、どちらも企業や受講者から直接仕事を請け負うわけではなく、委託者である教育機関の所属講師として教えるということになります。

　大抵の場合、コーディネーターなどと呼ばれる研修やレッスンの責任者を通して、その教育機関のルールや意向に従い教えることになります。授業の期間、頻度、時間帯、内容から教材まで、すべての仕事は委託者である教育機関の方針どおりに進め、自分で勝手に日時やコースの内容を変えたりしてはいけません。受講者から変更の打診があってもその場で答えず、コーディネーターに伝え、コーディネーターから先方に連絡するということになります。

ビジネスで重要とされている報連相は、教師にとっても大切なことです。ほとんどの場合、どの教育機関でも報告書のようなフォームがあると思いますが、そのようなものがなくても、授業がどのように進んでいるか報告や連絡をし、何か不都合が発生したり不安があったりした時には教育機関の責任者に相談することで、信頼を得ることができます。遅刻したりうっかり時間を間違えたりした場合はその場で先方に謝るのは当然ですが、解決したことでも必ず委託者である教育機関に知らせる必要があります。

　もちろん、その教育機関との信頼関係が積み上がってくるにつれて皆さんの権限が増えてきたり、任される範囲が広くなったり、自分の意見を反映してもらえたりすることも多くなるかもしれませんが、常に心に留めておくべきことは、自分を直接雇ってくれているのは委託者である教育機関であるということです。実際に教えに行っている企業や受講者からの要望も企業への報告も常に委託者である教育機関を通さなければならないということです。

　たぶん皆さんは、この仕事をするにあたり、教育機関となんらかの契約書や覚書を交わすことになると思いますが、皆さんが教えに行く企業と契約しているのは皆さんではなく委託者の教育機関で、何か問題が起きた場合の取り決めもあるはずです。それはその機関から任されたプライベートレッスンでも同じことで、友人のように親しくなったからといって、契約期間中は、皆さんが直接、受講者と新たな取り決めをしたり、予定を変えたりせず、委託者への報連相を徹底してください。それを怠ると二度とその教育機関からは仕事が来ないというだけでなく、その教育機関に大きな損害を与えることにもなりかねません。

② 必要なスキル

　日本語教師としてのスキルをはじめ、基礎編で述べたことですが、ここで特に強調しておきたいのは、協調性でしょうか。委託者である教育機関と協力し、仕事を遂行することです。ほかの講師と連携してチームティーチングするのなら、チームワークが大切です。成果の上がる教え方があったらチーム間で共有したり、受講者のコンディションや状況の情報交換をしたりしましょう。しっ

かりした教育機関ならそういった点もシステム化されているでしょう。

② フリーランス教師として働く

① 心得

　近年、フリーランスとして働く日本語教師が増えてきたことを筆者としては
うれしく思います。コロナ禍で所属教育機関の対面授業がなくなったり、自宅
待機や雇い止めになったりしたという話も多く聞きましたが、一方で、オンラ
インレッスンが増えたことから留学生がいない地域でも日本語教師としての仕
事ができるようになったということも聞きます。副業として、またはアルバイ
トやパート感覚で収入を得る方法としてフリーランスを選ぶ日本語教師が増え
てきました。自由にやりがいのあることをして収入にもなる時代になりました。
自分の好きな時間に、ほんの少しアルバイトをするような働き方でもいいと思
います。しかし、この本では、フリーランスとして、日本語教師一本で生活で
きる収入を得る働き方を中心にお伝えしたいと思います。

フリーランスとは何か

　それでは、フリーランス教師としての働き方をお伝えする前に、フリーラン
スとは何かということからお話しします。実は、「フリーランス」に明確な定
義はありません。自らをフリーランスと名乗った時点でフリーランスとなるの
です。フリーランスは特定の法人や組織に所属せず、自らの知識やスキルを提
供することにより、独立して請け負った業務を遂行する働き方で、給与ではな
く報酬として収入を得ています。有給休暇もボーナスもありません。フリーラ
ンスと似ている言葉に「個人事業主」があります。個人事業主とは税法上の言
葉で、その事業を法人ではなく個人で行う者として税務署に開業届けを提出し
ている人のことで、フリーランスも税法上は個人事業主に入り、確定申告をし
ます。職種として多いのは、ライター、イラストレーター、編集者、フォトグ

ラファー、デザイナー、プログラマーやシステムエンジニアなどのIT技術者です。IT企業や出版社で働いている人の中にもフリーランスがいます。日本語教育界にフリーランスが増えてきたのは、ここ15年ほどでしょうか。日本語教育を生業としているフリーランスの割合は他業種に比べまだ少ないと感じています。

フリーランスのメリットとデメリット

フリーランスになるメリットは、休暇も働く時間帯もすべてにおいて自由度が高いという点です。働き方や請け負う仕事を自分で決められ、報酬が合わなければ断ることもできますが、反面、デメリットもあります。企業や団体との雇用関係がないため、労働基準法などで守られていないという点です。仕事がなければ生活できなくなり、忙し過ぎれば体を壊す恐れもあります。時間管理から健康管理、財務管理まですべて自分でしなければなりません。

フリーランスの仕事の内容

フリーランスの日本語教師の仕事は実にさまざまで、企業内研修のように仕事に直結したものもあれば、来日したばかりの学習者にスーパーで読解のレッスンをすることもあります。外国人タレントに、わざとたどたどしく聞こえる日本語の話し方を教えていた友人もいます。オンラインで教えている海外在住の受講者が観光で来日した際に小旅行に同行したこともあります。通訳と違うのは、受講者が今までレッスンで身に付けた日本語を旅先で使えるようにサポートする点です。新幹線の予約の変更からホテルのチェックインまで、行く先々でのリアルなやりとりなど、受講者がオンライン授業で学んだ日本語を実際に使う機会を提供します。旅行好きな受講者なら帰国後の日本語学習のモチベーションがグッと上がり、次の目標ができるチャンスにもなるのでお勧めではありますが、受講料以外に講師の旅行費用もかかることですので、受講者の意向を聞きましょう。また、懐石料理をごちそうになりながら、料理や酒器の名称、箸の使い方などの和食のマナーを教えたこともあります。

最近では、ほかの教師を雇い、起業して経営者へと転身する人も出てきまし

たが、まずはフリーランスとしての働き方を楽しんでください。法人として開業する際のヒントも得られると思います。

フリーランスについてのよくある誤解

次に、よく相談されることの中からフリーランスについて誤解があると感じたことを3点お伝えします。筆者もフリーランスになって初めて「ああ、そうだったのか」と知ったことです。

>> 人間関係についての誤解

一つ目は、人間関係についてです。フリーランスのメリットとして、学校や大学内の煩わしい人間関係がなくなると誤解している方がいらっしゃいますが、それは大きな間違いだと言わざるを得ません。人間関係は所属している学校内からクライアント企業の人たちとの間に移り、むしろ範囲は広がります。人付き合いが苦手だからフリーランスになりたいと思っている場合は、ちょっと考える必要があるかもしれません。

フリーランスにとって人脈を作ることは大切な仕事の一つです。クライアント先や仕事の紹介者、同業者との間に、この本に何度も出てくる「いい人間関係」が築けて初めて仕事が入ってきます。営業活動はどうしているのかもよく聞かれることですが、誤解してほしくないのは、営業とはエグゼクティブに必要以上に下手に出たり、無理をして企業担当者の言いなりになったり、会う人会う人に「仕事をください」とお願いしたりすることではないということです。同業の日本語教師をライバル視して学習者を取り合ったりすることも必要ありません。いろいろな人に助けられている自分を常に意識し、感謝の気持ちを持って誠実に接することで人脈は自然にできてきます。特別なことをしなくてはならないわけではなく、人と会うのが好きで自分と違うタイプの人でも楽しく付き合える人なら難しいことではありませんから、安心してください。

>> 収入・報酬についての誤解

二つ目は、収入面、報酬についてです。時給計算すれば教育機関で働いてい

る時の数倍はいただくことができますが、むしろ高額の報酬を要求すべきだと言いたいところです。これは、仕事を探すこと、クライアントとの折衝や交渉、契約締結、請求業務、コースデザイン、規模が大きくなれば一緒に働いてくれる教師を探し、場合によっては教師研修をするといった、学校や教育機関で働く場合には営業や事務、コーディネーターがしてくれるすべてを、一人でやらなくてはいけないのですから報酬は高くて当然です。

　報酬はいくらにすればいいのかということもよく聞かれます。いつも答えていることですが、金額は自分で自由に決めればいいのです。ただし、報酬を自由に決めることはできますが、雇用関係はないわけですから、契約時のクライアントのニーズに合わなかったり成果が出なかったりすれば契約解除に直結し、明日から収入がゼロになる恐れもあります。報酬を支払ってくれるクライアントが納得する仕事をしなければならないということです。

　してはいけないのは、価格競争（料金競争）です。「まわりを見るとこのくらいの料金の人が多いから自分はもっと安くしよう」と自ら料金を下げる。するとどういうことが起こるのか……。仕事はたくさん入ってくるかもしれませんが、仕事をすればするほど赤字になります。かつて、バブル時に腕のいいフリーランス教師の多くが生活できないからと転職してしまいました。交通費もカフェレッスンでのコーヒー代も自腹で払い、授業料を下げていたら仕事として成り立ちません。レッスンが増えれば増えるほど赤字になるのでは、好きな仕事も続けられなくなります。

　フリーランスは、教育機関に所属する教師より災害や経済など外的要因による煽りをはるかに大きく受けます。東日本大震災の時に多くの外資系企業が日本を離れ、クライアントがいなくなったという話も聞きました。筆者も10を超えていた仕事が震災の翌週にはたった1件になってしまいましたが、幸い、海外にいるかつての受講者の皆さんからの紹介で2、3カ月で元に戻りました。何年も前に教えた受講者が助けてくれたことで今まで好きな仕事を続けてこられたのです。もちろん、こんなことを見越したり期待したりして、付き合いを続けてきたのではありませんが、何年も前に教えた人たちに助けられたのです。人脈と言うと何か意図的な感じもしますが、やはり人付き合いが好きな人のほ

うがフリーランスに向いているかもしれません。

　多くの人が想像しているように、フリーランスは必ずしも収入の安定した働き方とは言えないかもしれませんが、先を見てリスクマネージメントしていくことで安定感が増します。クライアント先を増やしていく時は、すべて同じ業種・職種、すべて同じ国出身の受講者に絞ってしまわないということがリスク回避につながります。

　ここで、筆者の苦い経験を一つ紹介します。ブームに沸いている業種や同じ国出身者へと仕事を広げていく方が確かに楽なので、ついその流れにのっていってしまいがちです。筆者は、クライアントがすべて日本のものづくり企業になった時のバブル崩壊、クライアントがすべて外資金融機関だった時のリーマンショックで痛い目に遭いました。まるでドミノ倒しのように、同じ業界のクライアントがいなくなることを二度経験して、やっと気付いた始末です。同じ職種や企業から依頼が来た場合は、信頼できる日本語教師仲間にその中の一部でもお任せしましょう。同業者は競業相手ではなく協業相手です。

　楽しくも厳しいのが自由を得る道です。フリーランスの日本語教師としてやっていくには、ある程度の覚悟も必要です。覚悟をした上で、リスクヘッジをしていきましょう。コロナ禍もありましたが、少し先を見越してオンラインレッスンもできるように準備していたフリーランスは、以前より仕事が増えたはずです。

≫ 法人との契約についての誤解

　最後に、企業などの法人と契約するには法人組織にすればいいのではないか、法人化しなければ企業研修などは請けられないのではないかと聞かれることもありますが、これも、必ずしも真実ではありません。実際に、筆者も「企業は個人との契約はしない」と言われ続けてきた時代がありましたが、その頃でも特例として契約できてきましたし、一度特例が通れば二度目も可能性があります。また、新たに法人組織にしても、法人としての実績がないところとは取引しないと、大企業の研修担当者に聞いたことがあります。その企業ではフリーランスとしての経験と起業後の経験は別物と見るそうです。法人にすればすぐに仕事がもらえるということはなく、今はフリーランスでも契約してくれる企

業が増えているということです。

② 必要なスキル

　ここでは、基礎編にあるビジネス日本語教師に必要なスキルに加えて、フリーランスとして働く場合に必要だと筆者が考えることをいくつか挙げます。

自己分析力

　フリーランスになる前にしてほしいのが自分自身の棚卸しです。日本語教師としてだけでなく、今までの経歴、特技や趣味、性格まですべてを並べて見てみましょう。自分にはどんな強みがあるのでしょうか。またその強みをクライアント目線で見た時に、どんな売りになるのかということを分析してみましょう。あるクライアントにとってはマイナスだと見られるものが、あるクライアントにとっては大きなセールスポイントになることもあるものです。自分の弱みだと思っていることが強みになることもあります。たとえば、筆者は机の前に座って勉強することが好きとは言えません。しかし、見方を変えると語学学習に苦手感のある学習者の気持ちがよくわかるということになります。机の前に座ってする学習にはなかなか手がつかなくても、カフェでならまわりの雑音が聞こえなくなるほど集中することができます。好みの学習スタイルは成果が上がるものです。公園の芝生に円く座って討論したり、あがり症の学習者とパブで会話レッスンしたりすることも、フリーランスだからできることなのかもしれませんが。皆さんも弱みと感じていることを別の角度から考えてみましょう。

コミュニケーション力

　これは日本語教師全般に言えることだと思いますが、フリーランスとしてのコミュニケーション力は人脈を作る力につながります。フリーランスの仕事は知り合いからの紹介によって入ってくるものが少なくありません。筆者の場合も今は紹介から始まる仕事しかないほどです。もちろん、紹介されて行っても契約が決まらないこともあります。ある外資系企業の支社長の方に紹介され、

呼ばれて行ったのに決まらなかったということがありました。しかし、3年後、転勤で支社長が変わったと連絡があり、10分で契約を交わせました。それも報酬額もレッスン時間帯も一任してくれるというありがたい話でした。忘れた頃にお声がかかった理由は、秘書の方との年賀状と暑中見舞いのやりとりにあります。筆者が採用されなかったことで秘書の方が謝罪のメールをくださったことから年に2度ほどのやりとりが続き、忘れた頃に仕事の依頼が入ってきたというわけです。その方からはほかの企業への紹介もしていただきました。

　よく「どのように営業をしているんですか」と聞かれた時に「特にしていません」と答えているのは、このようなことを「営業」とは思っていないからですが、これももしかしたら営業の一つになるのかもしれません。このように、今すぐ仕事につながらなくても将来的につながることもあります。営業のためにするのではなく、「袖振り合うも他生の縁」、せっかくのご縁を大切にしましょう。

　では、一般的にどんな人から紹介があるのでしょうか。まず、以前の受講者です。学生だった人が日本で就職し、転職し、海外に行き、また日本に戻ってくる、その先々でその人に学習の必要性が生じたり、転職先で日本語教師を探していたりすることがあります。その時、学生時代の教師だったあなたのことを思い浮かべてくれるでしょうか。同様に多いのは、以前の受講者の家族や友人、同僚や知り合いへの紹介です。受講者の秘書や同僚の記憶にあなたはどんな人として残っていますか。その人たちと会った時、どんな会話を交わしたか覚えていますか。この秘書や同僚も転職し、新たな職場で日本語教師を探すことがあります。その人たちの頭の片隅に感じのいい印象が残っていれば、きっと思い出してくれます。
　企業の受付にいる派遣社員、お掃除の方、ガードマンの方、受講者がよくランチに行く店のオーナーなどにも紹介してもらったことがあります。仕事の紹介などをお願いしていたわけではなく、笑顔で普通にあいさつをしていただけです。もちろん、私が教師としてどんな仕事をするかはご存じないので、ただ、偶然、社員が日本語教師を探しているのを知り「会社に来ている日本語教師が

いる」と好意的に伝えてくださったのです。出会いのきっかけをもらえたら、後は面談時のこちらのプレゼンテーションやトライアルレッスンに決まるか決まらないかが懸かっています。

　次に多いのは、同業者、日本語教師仲間からの紹介です。元同僚からぜひまた一緒に働きたいと思ってもらえていますか。あなたはまた一緒に働きたい同僚や元同僚がいますか。または、自分は今は手がいっぱいで請けられない仕事をあなたに紹介したいと思ってもらえていますか。教師仲間を大切にしましょう。

　以前、プライベートレッスンで、受講者が、ゴルフ場での会話を習いたいと言ってきました。筆者は打ちっぱなしやショートコースに行ったことはありましたが、コースには一度しか出たことがなく、自信がありませんでした。受講者は「ビジネス日本語」を学ぶ必要もありました。

　そこで、週2回の授業のうち1回を前職が営業職でゴルフ好きの教師仲間にお願いすることにしました。日本語教師としての経験は浅かったのですが、そこは筆者がフォローすることとして、受講者の了解を得ました。案の定、このチームティーチングにはとても満足してもらえました。ゴルフ仲間とコースを回りながらどんな雑談をするか、どんな略語を使っているか知ることができるのは、楽しいレッスンだったそうです。接待ゴルフの機会もある受講者のニーズにピッタリ合った講師でした。技能だけではなく、性格や特技、趣味に至るまで自分自身の棚卸しをすることをお勧めするのはこのようなこともあるからです。

　日本語教師仲間とでも異業種の人とでも、人とコミュニケーションを取ることが好きなら、さまざまな話をするものです。それが相手の印象に残り、紹介にもつながることになります。ゴルフ好きな受講者にこの講師を紹介できたのも筆者がこの講師の趣味と前職を知っていたからなのです。勉強会などで会った教師仲間と交流し、少しずつ自己開示していくことで、人脈ができていきます。

好奇心と情報収集力、先を読む力

　好奇心が旺盛な人は大概のところ、情報収集が得意です。おのずと流行、最

近のニュースやトレンドから授業で使う生教材や雑談ネタを集めるのが上手です。それはフリーランスでなくても生かされることだと思いますが、フリーランスとして働く上で、顕在ニーズだけでなく、どこに潜在ニーズがあるか、今後どの業界や国で日本語を学びたい人が増えていくかをいち早く察知することで、日本語教育界で注目度が高くなる前に一足早く動き出せるかもしれません。まだ表に現れていない潜在ニーズを掘り起こすこともできるかもしれません。また、ある職種やある国の学習者が日本との経済関係、国の世情や政策などさまざまな理由から一気に増えることも、減ることもあります。転ばぬ先の杖を持つためにも、一歩先を読む力を付けるよう心がけておきましょう。

発想力

　フリーランスに来る仕事には、さまざまな理由から学校や既存のクラスに入れない受講者も多く、実に多彩な要望があります。難題を吹っかけてくるようなクライアントに当たったら、面白がって挑戦しましょう。実際、筆者が今まで請けてきた仕事の中で同じコースデザインをしたことはなく、毎回、0から考えています。これを面倒と考えず楽しむことが長く飽きずに続けるコツでしょうか。クライアントが無理難題を吹っかけてきても発想力があればいい案が浮かびます。どうしたら予算内でより成果が上がる研修を作れるのか考えましょう。

　多忙で週に1、2時間しかレッスンできない受講者にいかに早く上達してもらえるか、独学で四技能の日本語力が偏った受講者にどのように目標をクリアさせるか、発想を豊かにその受講者にできる方法を共に考え支援していきましょう。自分にはできないと断るのではなく代案を用意して納得してもらえるように、あの手この手を考えましょう。多忙で週1度、授業の時間を取るのがやっとで、予習復習ができないと言われたら、どうやって覚えてもらい、使えるようになってもらうかなども発想の転換が必要かもしれません。もちろん、漢字を一つも覚えずにN1に合格したいなどというできない要求には根拠を挙げてはっきりできないと言うことが必要です。

折衝交渉力

　クライアントが企業の場合、双方は売り手と買い手という相対する立場になります。そこに金銭の授受が生じる限り利害関係にあります。研修の目指すところ、到達目標は同じでも、取引の上では折衝したり交渉したりということが必要になります。もちろん、企業側は費用を低く抑えたいというところが多いはずです。また、日本語教育に詳しくない担当者が、小耳に挟んだり、書名だけを見ていいと思い込んだ教材や評価法に固執したりすることもあります。そんな時に相手を納得させる説明ができるか、説得力のある提案や交渉ができるかということも重要になります。

　ただし、いざ研修コースがスタートしたら、一番の協力者となってくれるのは企業側の担当者だということを忘れずにいてください。相手を言い負かして交渉決裂なんてことにならないよう気を付けましょう。研修の成果が出て次期への契約更新が生まれるには、企業担当者の声が社内で通ることが不可欠だし、研修の出来が担当者の社内での立場やポジションを左右することにもなるのですから、運命共同体とも言えるかもしれません。

　プライベートレッスンの場合は、受講者のニーズに合ったテキストや学習法がほかにあっても、受講者がこだわっているものがあるなら、筆者は両者の特徴を比較し述べてから相手の希望するものを使ってみようと提案します。その後、不都合が出てきた時に、今一度、教材はこれでいいのか一緒に考えることにしています。

　また、受け持ちのクラスが増えてくると、新たに仕事のオファーがあっても、クライアントの要望のある日時や頻度が初めからこちらの都合にピッタリ合っていることは稀です。すでにその時間にはほかの授業があり物理的に受けられないと思っても、即座に断るようなことはしないでください。交渉次第でクライアントが譲歩してくれることは多々あります。週2回対面授業が条件だと言われても、事情を話し、1回は対面、もう1回はオンラインでと譲歩してもらえることもあります。曜日や時間帯をずらしてもらえることもあります。どうしても自分一人では難しい場合は、教師仲間に手伝ってもらいましょう。1件

断ることで、今後つながるであろう何人、何件のクライアントを逃すことになるかもしれないと考えてください。

　報酬や条件はいいのだけれど、どうしても性格的に合わないという場合も同じです。自分には合わなくても日本語教師仲間に合う人、その仕事をしたい人がいるかもしれません。

　ビジネスパーソンのプライベートレッスンをしていると、自宅での家族、特にお子さんのレッスンもと打診されることがあります。家族同伴で赴任した場合、お子さんの学校や生活のための家族手当が出ることも珍しいことではなく、受講者が赴任の際の条件として、企業側と取り決めてあることも多いようです。親である社員が立て替え払いをして領収書を提出し、家族の日本語授業料を会社に請求するという場合もあります。この場合のクライアントはこの社員と考えてください。企業側の担当者は請求時の窓口やスケジュール管理のみを担当し、講師が授業の内容について担当者に知らせる必要もありません。親である社員の望む授業の内容とお子さんの到達目標を目指し、その社員に報告もしていくことになります。

　筆者もエグゼクティブ本人のレッスンのほかに、週3回ご自宅でお子さん3人に向けたレッスンを要望されたことがあります。筆者自身は週2回しか出向けないため、残りの1回はほかの講師が担当するという条件を受け入れてもらいました。今では、その講師仲間が週3回教えています。

　クライアントの要望を一方的に受け入れるのではなく、週1回しかできないと断るのでもなく、こちらの要望も伝え、できるだけ仕事を請けられるように交渉しましょう。うまく交渉できるのとできないのとでは仕事の幅が大きく変わります。クライアントの要望がスケジュール的に難しくても「できない」と即答せずに、こちらの状況を説明し、折衷案を提示し交渉してみることをお勧めします。

強みを増やすために学習し続ける力

　学校や大学の先生方を羨ましいと思ってきたことがあります。職場にある多

くのテキストや教師用参考書を自由に使えるし、学校によっては研修費用も出してくれるそうです。しかし、これらをすべて自前で賄わなければならないのがフリーランスです。新しいテキストを出版した出版社が開催してくれるセミナーや教授法の勉強会には極力参加するようにすることも大切です。時間を確保し、そこで紹介されたテキストが、今後自分の仕事に使えそうだと思ったら購入し、教材研究していくことも重要です。日本語教師対象の勉強会では学びと人脈作りを目的に学び続けることで自らをアップデートしていきましょう。企業とやりとりするなら使用するITツールについても使えるようにしておくことが求められます。企業と取引するフリーランスはクライアントが指定したさまざまなツールやSNSに合わせて連絡をしたり、契約書や研修についての資料や報告書、請求書をやりとりしたりする必要があるからです。もちろん、ご自身がやっている仕事に必要なものから学んでいけばいいのですが、時間があるなら新しいツールも先に先に学んでいきましょう。

③ フリーランスの始め方

　これからフリーランスを始める人は、まずは、今できる働き方を決めることから始めましょう。どのように決めるかは、具体的に書き出してみましょう。下に挙げたリストはそのための一例ですが、皆さんならこれにどんなことを加えますか。

どこで	対面　（受講者の企業内・カフェ・受講者宅・教師宅かオフィス）
	オンライン（zoom、Skype、Google Meet…ウェブ会議ツール）
いつ	働きたい時間帯・働けない時間帯
誰に	職種・地域・母語圏・レベル（初心者／上級者）
教え方	直接法／間接法
授業料	最低料金・交通費・教材費・コーヒー代は？　支払方法（現金／振込、前払い／後払い）
ルール	キャンセル時の取り決め、報連相の方法、…

今の自分の環境で無理のないスタートを切り、流れに乗ってきたら徐々に広げていくというスタートの方が楽にフリーランスに移行できるかと思います。もし、自分では思ってもいなかった業界や職種の受講者が増えていくのなら、自分自身で思い込んでいる個性や強みではなく、違う点を買ってくれているのかもしれません。紹介がつながっていく業種や受講者のタイプを見ると、想定とは違ったということが往々にしてあるものです。筆者自身もこの仕事を始めた時からビジネス日本語教師を志していたわけではなく、立ち止まって振り返った時にビジネスパーソンが多いことに気づきました。今の自分の働き方や方向性を学習者に見いだしてもらったようなものです。スタート時点で決めた働き方をずっと続けなければならないのではなく、仕事をしながら軌道修正していけばいいのです。とりあえず、はじめの一歩を決め、踏み出してみてください。

　その際、プロとしての覚悟を決めるためにも名刺は作っておきましょう。最初の名刺には「〇〇対象」のようなキャッチコピーは付けなくても構いません。筆者のようにシンプルに「日本語講師」だけの肩書きにしておいて、名刺交換時に口頭で伝えてもいいし、後々、方向性が固まり、対象を絞ってやっていこうと決めたら、そのタイミングで書き加えてもいいと思います。友人や知り合い、日常生活で出会った人に自己紹介する場面ですっと渡せるように、常時持ち歩いてください。名刺を持つことは、周囲の人へのアピールはもちろんですが、自分自身のプロとしての覚悟にもつながります。最近は名刺の情報が電子管理できて紙の名刺を保管しておく必要がなくなったからか、日本語教師を探している人に手渡してくれる人もいます。

　話を元に戻しますが、スタート時の働き方が変わってくる外的要因として、ビジネス日本語の仕事は日本の社会情勢、経済や諸外国との関係性の影響を大きく受けるということがあります。政策や国内外のトレンドによって特定の国の受講者や業種がグッと増えたり減ったりします。筆者の例を挙げれば、ものづくりの日本と呼ばれていた時代のクライアント企業は日本のメーカー各社で、電化製品を作っている企業の多くがクライアントでした。その製品を研究・開発する技術者が新卒社員として日本企業に雇われ、来日するのですが、当時は

日本で働く外国人が今よりずっと少なく、職種も限られていて、出身大学や大学院の同窓生へと紹介が進むので、クライアントは日本企業の家電メーカー大手や自動車メーカーのみというほどでした。その後のバブル崩壊によりすべてのクライアントが外資系企業に入れ替わりました。外資系企業がハゲタカと呼ばれた時代です。気づくと外資系金融機関が製造業に取って代わっていました。そしてリーマンショックがあると、外資系金融機関の仕事が大幅に減り、IT関連グローバル企業が増えてくるといった具合です。

(2)でフリーランスに必要なスキルの一つとして「先を読む力」を挙げたのは、このような時流を少しでも早く察知し、いち早く動くことがフリーランスの仕事を途切れさせないことになり、収入の安定につながるからです。

情報収集し、今現在のトレンドを知ることももちろん大切ですが、今、この職種がブームだからと誰もが走り出す方向についていくのではなく、一歩先を行くことです。まだ表に現れていない潜在ニーズを掘り起こすことができ、ファーストペンギン[注1]になれれば、そこにあるのはブルーオーシャン[注2]です。一つの成功例を追い、そこに多くいる魚を求めレッドオーシャン[注3]に飛び込む場合は、しっかり言語化できる差別化が必要になります。多くの競合相手から自分を選んでもらえる腕を持っているなら、それでいいでしょうが、筆者は、自分のような凡庸な教師では生き残っていけないと考えました。ナンバーワンを目指さず、オンリーワンを目指した方が得策だと考えたのです。誰よりも優れているナンバーワンでなく、どこにもいないオンリーワン、あなたならどちらを目指しますか。繰り返しますが、フリーランスとして働き始める前に、今一度、ご自分の棚卸しをしてみてください。

(4) 営業活動

筆者がどんな営業活動をしているかもよく聞かれることです。営業＝売り込

注1） リスクを恐れず初めてのことに挑戦するベンチャー精神を持つ個人や企業
注2） 競争相手のいない未開拓市場
注3） 激しい競争状態にある既存市場

みに行くことと考えるなら、筆者はしていません。なぜかと言うと、売り込みはストレスになるし、私自身、ダイレクトな広告や宣伝より口コミを信じるタイプの人間だからです。ガンガン売り込むのが得意だという方は、すでに多くのクライアントを抱えているのでしょうが、売り込み下手のフリーランスでも仕事が途切れずに続く秘訣は秘訣とも言えない誰にでもできることです。どちらも「それだけ？」と気の抜けた声が聞こえてくるような簡単なことです。

仕事が途切れずに続く秘訣

》》 日本語教師であることを周知させる

一つ目は自分が日本語を教えていることを周知させること。あなたが日本語教師であること、どんな外国人にどんな日本語を教えているか、周囲の日本人のうち何人が知っていますか。すでに始めて何年も経っているならブランド化した言葉で伝えてもらえていますか。「日本語教師」というと世間一般の人は学校や大学で教えている教員というイメージが多いようです。

さすがに今は「国語の先生？高校？中学校？」などと聞かれることは少なくなりましたが、ビジネスパーソンにカフェでプライベートレッスンをしているとか、企業や外国機関の社員や職員に企業研修をしているとか、国内外にある5拠点をつないでオンラインレッスンをしているとか言うとまだまだ驚かれることが多いです。日本語学校で教えているけれど留学生だけではなくビジネスパーソンにも教えているならそのことも忘れず伝えましょう。周囲に認知してもらうことです。

その際、営業しなくちゃとグイグイ売り込むなんてせず、軽く「何かあったら思い出して」くらいで止めておきましょう。あちらから、仕事の打診をしてきた場合は別（その場合はその日のうちに契約締結できることもあるため、「クロージング^注」を目指しましょう）ですが、決して初めて会った日に仕事を取ろうなんて考えないでください。「果報は寝て待て」です。知ってもらったら、後は焦らずあちらから仕事がやってくるのを待つことも必要です。すぐ紹介し

注）営業活動において顧客と契約を締結すること

てくれなかったから、この人との付き合いをやめるなんていう人には誰だって
仕事を紹介できません。こちらが忘れた頃に声がかかることもよくあります。
反対に知り合いや友人に強引な売り込みをかけるとどうなると思いますか。相
手にとっては重荷にしかならないので、徐々に足が遠のく、会ってもらえない
ということになります。同級生がネットワークビジネスに夢中になってしつこ
く誘われて困ったなどという経験があればわかりますよね。あなたが普段から
「いい人間関係」を心がけているなら、日本語教師を探している人がいた時には、
必ず一番に声をかけてくれるはずです。

》》 自分の働き方に適した営業媒体を使う

　自分で動く営業活動の方法としては、オンラインレッスンを望んでいるなら
SNSを使う方法もいいでしょう。ただし、ターゲットが初心者なら「やさし
い日本語」だけではなく媒介語も書き加えてください。上級者に教えたいなら、
あえて日本語で書くというのも一案です。

　対面なら自分が教えに行ける地域の掲示板、特にスーパーや飲食店の中で外
国人が集まるところをリサーチ（市場調査・マーケティング）し、ポスターや
チラシを置いてもらうことも考えましょう。自前でプライベートレッスンを受
けてくれる人を探すのです。ポスティングやポスターでの集客は、時間と手間
がかかります。1年間、毎週ポスターを張り替えに通い、やっと一人か二人か
ら反応があるということもあるかもしれません。それでも一人がクライアント
になってくれたら、その人から何人にもつながる可能性があります。会社に費
用を出してもらえるようになった、同僚にも習いたい人がいる…と広がってい
きます。まずは、自分に問い合わせをしてくれた受講者一人の講師として、満
足してもらえる授業をして、その人にとってのオンリーワンになりましょう。
この受講者の日本語が上達すれば、周囲も気づき、自然に受講者が増えていき
ます。一人のプライベートレッスンから企業研修につながるケースも少なくあ
りません。

企業への働きかけ・売り込み

　はじめから企業に絞ってクライアントを増やしたい場合、企業訪問より先に
してもらいたいのは、その地域の市場調査です。どんな企業がどんな外国人を
雇っているか、今後どの国に進出を考えているかを人に聞いてみるなり、ウェ
ブサイトをのぞいてみるなりして調べましょう。地域に密着している企業なら、
近隣に同様に外国人社員を雇っている取引企業やグループ企業があるかもしれ
ません。企業訪問の前に外国人社員がどのような日本語を必要としているか、
日本人社員が外国人社員と働く上でどのような不都合を感じているかわかれば
ベストですが、わからない場合でもそのようなことを想定し、簡単な提案書を
数パターン作ってみましょう。

　直接訪問する際のポイントは、相手の都合に合わせ、アポイントメントを取っ
てから訪問することです。飛び込み営業はお勧めできません。相手がゆっくり
話を聞いてくれる日時や時間帯や状況を選ぶためです。納品の締め切りに追わ
れている時に言っても、うるさいと思われてしまうだけです。面談の約束を取
り付けたら、あちらの貴重な時間を無駄にしないためにも、どんな職種のどの
国出身の外国人が雇われているのか、またどの国に支社や工場、取引先がある
のかなどその企業の下調べをし、想定される困りごとを解決・改善できるよう
なプランの一つも加えた資料を持っていきましょう。

　しかし、このプランはあくまでも想定案です。会ってもらうことができたら、
こちらのプランはしまっておきましょう。自己紹介が終わったら、ひたすら耳
を傾ける。「何かお困りのことはありませんか」と聴き手になることが第一段
階です。見込み客の課題、ニーズを聞くということですが、初めは大抵抽象的
な話しか出てきません。企業担当者もぼんやりとしかわかっていなかったり、
課題の原因を誤解したりしていることがあるからです。この段階で相手の話を
否定したり、ここで専門家としてアドバイスしなくちゃと焦ったりせず、質問
を加え、抽象的なニーズや課題を具体的なものに絞れるように真摯に聴くこと
です。コーチングスキルを活用し、傾聴していくことで潜在的ニーズを掘り起

こすこともできます。

　先方の話が想定ニーズで作ってきたプランに近いものなら、訪問のため考えてきたものを、ここで渡しましょう。まだまだ遠いと思ったら、チラッと見せるだけにして、次回、手直しして持参すると約束し、近いうちにアポイントメントを取りましょう。相手からどうしたら解決できるか聞かれて即答できなくても大丈夫。思い付きでいいかげんな返答をするのではなく、次の面談までの宿題にさせてもらい、その日のところは帰りましょう。

　次の面談時には、解決策の案を二つ、三つ持っていけるようにしましょう。お試しコースに当たるパイロット版のコースデザインを見せ、少々安価で提供するという提案ができれば、新規顧客となってくれる可能性は高くなります。ここで成果を上げ、本コースならより成果が上がるという提案をしてください。くれぐれも気を付けてもらいたいことは、実現不可能なことは約束しないということです。約束が守れなかったら一度で信頼を失います。そして、失った信頼を取り戻すのは容易ではありません。

　営業活動の代わりにすることで一番大事なことは、何と言っても今教えている学習者に真摯に向き合い、毎回の授業に全力で臨むことです。1回1回が真剣勝負です。当然だと思うでしょうが、意外とできていないものです。今、この時間を共有している相手のためだけに全力投球することです。その受講者の満足度が高く、自分にはこの先生しかいないというオンリーワンの存在になれれば、あなたの元を巣立って何年経っても、あなた専属の営業マンとなってくれることでしょう。本人自ら進んで宣伝してくれるということでなくても、その人の日本語力を認めたまわりの日本人や外国人が「どんな先生に習ったの?」と聞いてくれます。そして、ある日突然、昔の生徒から連絡があり「レッスンできる空き時間がありますか。会社が日本語教師を探しているんですが」ということが起こります。

⑤ 小さく始めて大きく育てる

　フリーランスとしての働き方を継続するには、新規クライアントを獲得することが欠かせません。せっかく獲得した新規クライアントの仕事を1回きりで終わらせるのではなく、契約更新していくことも求められます。いちげんさんに常連さんになってもらうことです。そして、一人や1社のクライアントから次のクライアントへとつなげてもらうことができれば、新規開拓の負担も軽くなり、収入も安定してきます。授業に満足してもらえたクライアントによる紹介の威力は最強です。紹介のつながり方にはパターンがあります。受講者払いのプライベートレッスンから企業研修へ、1クラスから複数クラスへ、1社からグループ数社へ、1社から他社へ、受講者の就職・転職から他社へ、講師の前職・前業種から他社・他業種へ、など、ほかにもさまざまなケースが挙げられます。

　フリーランスになったばかりのスタート時は、入り口は狭く、徐々に深く大きく広げていくという方法が無理なく進めると思います。前職に日本語教師以外の経歴がある人は、そこを足掛かりにスタートすることもいいでしょう。さまざまな職種の専門職に教えることになるより、同じような属性の人に教え、慣れたら範囲を広げるということを考えてください。まずは、一人、1社だけ、慣れるまでしっかりやって次に進むという堅実な方法なら、信頼される丁寧な仕事になり、長く続けられるかもしれません。

　クライアントが企業の場合、学校勤務や所属機関での教師経験が豊富でも、フリーランスとしての経験が浅いと、やらなくてはならないことの多さに気づき慌てる人もいます。学校では、コーディネーター、経理、営業担当者がやってくれていた目に見えない仕事が多いことに愕然（がくぜん）とします。企業と直接契約しているということは、言い換えると契約していないほかの教師に代講を頼むわけにはいかないということです。初めから複数で入っていなければ、体調が悪い時にすぐ代講してくれる同僚はいません。特に企業研修の場合は、企業側が常に費用対効果を考えていることを忘れずにいてください。何か問題が発生し

た場合、一度失った信頼を取り戻すには大変な時間と労力を要し、悪い評判はなかなか消えません。フリーランスとして初めて企業をクライアントとする場合に気を付けてもらいたいことです。

　もちろん、悪いことばかりではなく、反対に成果が上がった場合のいい評判も教師の知らないうちに広がっていきます。企業側の担当者といい関係が築ければ、充実感の大きい仕事になります。信頼が厚くなれば、企業の方針が変わらない限り、毎年更新され、安定した収入が得られます、では、まず1件から始めた仕事がどのように大きく育っていくのか、注意点も含めて見てみましょう。

受講者払いのプライベートレッスンから企業研修へ

　会社払いでも受講者払いでもプライベートレッスンで目に見えて成果が上がった場合、受講者が性格や教え方などの相性がいい教師だと認めてくれた場合、そして周囲が受講者の上達をはっきり感じた場合、グループレッスンやクラスレッスン、新規プライベートレッスンへとつながります。以前担当していた留学生が入社してからもプライベートレッスンをしている場合、その授業料は会社から出ることもあります。特に業務上必要な日本語学習の場合、受講者本人から先輩や上司に確かめてもらったらいいと思います。ここで気を付けてもらいたいことは授業料、報酬の額のことです。元教え子だからと就活中の安価のまま引き受けている先生も多いのではないでしょうか。源泉徴収されること、消費税のことも考え、受講者には社内に話を通す際には報酬額については今と同じ金額というわけにはいかないことを伝えておきましょう。授業料は一度契約してしまうと、次回の更新時まで引き継がれます。企業には大抵、年度の初めに決められた予算がありますので、契約期間中に値上げすることはできません。年度内は安価のまま引き継がれることになります。

1クラスから複数クラスへ

　まずは企業からのお試し、パイロット版もこれに当たります。人数の少ない1クラスで短期間講師にやらせてみて、その成果を見てから本採用を考えようという企業はよくあります。1クラス受講した受講者のフィードバックから翌

年度はクラスや受講者の人数を増やそうということもあります。著名な先生なら違うと思いますが、筆者のように海のものとも山のものともわからない講師を雇う企業側の担当者の身になって考えれば納得がいくことです。パイロット版だからと安価で引き受けた場合は、更新時や本コース契約時には報酬額も交渉しましょう。健康食品や化粧品が初回30％割引ということと同じだと考えれば報酬額の交渉はおかしなことではありません。

1社からグループ企業数社へ

グループ企業がある場合、その中の1社から数社へと広がる場合も少なくありません。うれしいことですが、フリーランスとして考えなければいけないのは、時間数が増えて一人ではできなくなった時のことです。フリーランスのまま、ほかの講師にアウトソーシングする場合も、その講師の責任者があなたになることがあるでしょう。自分の担当を教える仕事に加え、講師チームをまとめるリーダーやコーディネーターの役割が加わります。その場合、どんな講師に入ってもらうか、講師間の報連相を密にして、評価や報告の仕方も中心になってまとめていくことになります。

1社から他社へ

クライアント企業の紹介や推薦で同業他社や取引先へと広がる場合、肝に銘じておきたいことは、社内文化は企業によって異なるということ、受講者のレベルも異なるということです。その企業との関係が売り手と買い手ならニーズも異なり、同じコースをと言われてもゼロからレディネスやニーズ（企業の要望）を聴き取り、確認することが大切です。

受講者の転職により他社へ

外国籍ビジネスパーソンの場合、転職を繰り返す人は日本人より多いかと思われます。そのため、以前の受講者から転職先でのレッスンを頼まれることがあります。転職先が大企業の場合はすでに日本語のグループレッスンがあったり、教育機関の語学クラスへの補助金が出ていたりする場合も多いかと思いますが、

前例がない場合もあります。転職先でもレッスンを受けたい場合は、受講者が社内の担当部署に相談し、許可が出てから講師が企業と新たに契約書を交わすことになります。また転職時に入社条件として、日本語の受講料を負担してもらうことを挙げている人もいます。ここにも皆さんのチャンスがあります。

講師の前職・前業種から他社・他業種へ

皆さんの前職を生かしましょう。また同業他社や取引のあった他業種との接点があった皆さん、フリーランスとして職を得る場合は、その経験が大きな強みとなります。気を付けるべきは、企業文化は時代と共に変わっていることです。また、部署や上司が変わればそれぞれ企業文化とは別の部署内の慣習があるに違いないと思っていてください。ビジネス文書のスタイルも報連相の方法も、思い込みを捨てて、担当者や受講者への聴き取りをしましょう。

(6) クライアントへの聴き取りと契約・請求などの事務手続き

	タイプ	支払い	目的とゴール	手続きなど
A	クライアント＝受講者	受講者が支払う	本人の意思により趣味・家族のため昇進・出世・転職のため	受講者へのレディネス・ニーズインタビュー・受講前テスト、受講者と事務手続き
B	クライアント≒受講者	企業が支払う（福利厚生費）	企業側の社員に対するサービス自社へのつなぎ止め・退社を防ぐための方策	受講者へのレディネス・ニーズインタビュー、レベルチェック、企業と事務手続き・報告事項は出欠や受講日時の変更など
C	クライアント≠受講者	企業が支払う（研修費）	語学研修職務上の必要性・昇進の条件	企業へのニーズインタビュー受講者へのレディネス（ニーズ）インタビュー、企業への報告義務と事務手続き

クライアントという言葉を繰り返していますが、ビジネスパーソンに教える

場合、クライアントとは、授業料、報酬を支払ってくれる人や企業のことです。大きく分けると前ページの表の三つに分けられます。講師の役割は、クライアントの望む日本語教育を提供することです。

では、それぞれについて、詳しく説明しましょう。

A　クライアント＝受講者の場合

≫ 事前の聴き取り

受講者本人のレディネスとニーズをできる限り詳細に聴き取ります。日本語学習が趣味だったり、好きなアニメやドラマ、小説を理解するために学ぶケースだったり、日本人配偶者の親類縁者や子どもの学校関係者とのやりとりのため、趣味や行動範囲を広げるなど生活の質（QOL）向上のため、本人のキャリアアップのためなど、学習の目的によってさまざまなケースがありますので、はじめにしっかりと聴き取りを行ってください。できる限り、詳細に具体的に目的と目標を知っておくことが学習者の満足度につながります。企業側や同僚に学習していることを知られてはいけない場合がありますので、気を付けてください。受講者が日本語力を強みとして転職を考えているような場合です。

就業時間内でも、大抵は早朝や昼休みに、会社近くのカフェなどで教えることが多いでしょう。仕事が終わってから、帰宅途中のカフェや受講者の自宅で教えることも多いのですが、コロナ禍以降はオンラインレッスンの要望も増えました。オンラインの場合は、受講者の生活圏から遠いところに住んでいる教師にも大きなチャンスがあります。海外に住んでいる受講者にも教えることができます。筆者もアメリカやオーストラリア、台湾、韓国などに住む受講者に教えています。オンラインレッスンに特化して教えているフリーランスも増えています。日本語学習のプラットフォームを通して教える場合は、このAとBの中間のような形もあり、登録プラットフォームにより、登録方法、ルール、条件などさまざまですので、登録時にしっかり確認しましょう。

≫ 授業料の支払い、キャンセルについて

受講者に個人で直接教える場合、きっちりした契約手続きを経ることは少な

く、口約束のまま始まることが多いようです。しかし、コースが始まる前に、特に支払方法やキャンセルポリシーは明確に決め、メールなどでもいいので、はっきり文面で残しておくことがトラブルを避けるための得策です。たとえば、数回分まとめての前払いなのか後払いなのか、都度払いなのか、その支払期限はいつなのか、講師が請求書を出すのか出さないのか、銀行振込なのか現金払いなのか（PayPalやLINE Payなど、オンライン決済の場合もあります）、何時間前のキャンセルなら何パーセント〜全額いただくのかなども含め、決めておきましょう。お金の話は、はじめにきっちり決めておかないとトラブルになりやすく、いっぺんで信頼を失うことにもなります。悪気はなくとも、お互いに長く続けるうちにはキャンセル料金が発生するのが何時間前からだったか忘れたり、勘違いしたりすることもあります。契約書などの法的な書面を用意しなくても、口頭で話が決まった日のうちに確認メールを入れておいてください。もちろん、覚書のような書式を作っておけばベストでしょう。

　先払いがいいか、都度払いがいいか、後払いがいいかも、フリーランスを始める人によく聞かれることです。筆者の場合は、個人クライアントの場合、相手の都合に合わせ、月末締め、翌週末までなどと期限を決めています。なぜ都度払いではないのかというと、一度キャンセル料金が発生した次のレッスンでは2倍払うことになり、仕事や出張、体調不良などの理由でも、2度ドタキャンしなければならないことがあると3倍払うことになるからです。受講者も納得している正当な請求なのですが、受講者目線で見ると高く感じられないでしょうか。

　また、都度払いで毎回請求書や領収書を出してほしいとなると少々面倒でもあるので、後払いにしてもらっています。回数を決め、前払いしてもらうという方法もありますが、この場合は回数により割引している方が多いようです。後払いで請求する場合は何回分であっても割引しません。請求書にはきちんとレッスン日やキャンセル日の記載もします。後払いではもらい損なうことがあるのではないかという心配をする方もいますが、筆者の場合は、30年以上後払いでやってきて、一度もいただけなかったことはありません。

▶▶ イレギュラーなレッスンへの対応

週何回、何曜日の何時からとレギュラーなレッスンを望む受講者がほとんどですが、受講者の要望でイレギュラーなレッスンが入ることもあります。

イレギュラーレッスンの例をご紹介します。まず、以前の受講者から突然打診される転職するための面接のレッスン。こちらは初めから1回、もしくは数回と決められているものもありますし、第1次面接に受かったら次は第2次面接に向けたレッスンと段階を経て予約が入ってくる場合もあります。

海外に住んでいる受講者が旅行や出張で来日する際の対面レッスンは宿泊しているホテルの施設内で1日に3〜5時間の集中レッスンを希望してくるものや、小旅行や買物、食事に同行する実地訓練のようなものなどです。受講者が日本人と結婚することになり、お相手のご両親に初めて会う際の立ち居振る舞いやマナーも含めたレッスンもありました。

仕事に関係するものでは、クラスレッスンの受講者が社内のイベントでスピーカーになったので、プレゼンテーション資料作成から質疑応答の練習まで、個別に時間を取ってほしいということもありました。

何が飛び出してくるかわからないのですが、その場合は、オファーがあった時点で、できる限り詳細に情報共有をしてもらえれば、臆することはないでしょう。

B　クライアント≒受講者の場合

▶▶ 担当者、受講者とのやりとり

受講者の所属する企業や機関が報酬を払ってくれるレッスンですので、契約手続きや請求書などの、支払上の手続きや取り決めは企業の窓口である担当者とやりとりすることになります。この場合、企業側は社員の福利厚生費として、つまり、社員へのサービスとして授業料を支払っています。従業員のために旅行やスポーツジムの費用を負担するのと同じです。一般的に授業内容については、口を出してきません。

仕事を引き受け、諸手続きを終えたら、その後は、受講者本人とやりとりをすることになります。授業の内容についてはレディネスやニーズの聴き取りも含め、企業側への報告はしなくていいことが多く、エグゼクティブなどの場合

は、むしろ、社内の人に対してでも授業で話されたことを一切口外してはいけないことが多いと言えます。このタイプのグループレッスンならメンバーの要望を吸い上げるために、学習内容をグループの話し合いで決めるというのも授業の1コマにできるでしょう。企業側には、授業の欠席や変更のみを知らせることになるでしょう。何かしらのツールを使い、受講者と企業側と講師の3者が出欠席を確認するようになるでしょう。

≫ 報酬とキャンセルポリシー

　講師に支払われる報酬の額については受講者自身には知らされていないことが多いでしょう。請求期限など支払条件は企業との契約時に決まります。大抵は企業が取引している他業者と同様に請求期限、支払期限、支払方法などの支払条件が適用されると思います。

　この場合もキャンセルポリシーはしっかり書面に記録しておくことですが、企業が間に入るBとCの場合は、守秘義務契約と合わせ、企業側が作成した契約書に署名してから授業開始となることが多いかと思います。その内容を詳細に確認し、納得できない場合は契約締結前に交渉することです。また、請求書の締め日に間に合わなければ入金が遅れることになりますので気を付けてください。年末や年度末は従来の締め日と異なることもありますので、メールなどでしっかり確認してください。

≫ 契約更新と授業時間

　このケースの契約更新については、筆者の経験では1年更新とあっても、翌年以降は当該社員が在籍している限り、双方に異論がなければ同条件で引き継がれるということが多いのですが、前もって期間が決まっている場合は、受講者が会社側に要望を入れ、再度契約書に署名するということもあります。

　企業にとっては福利厚生に当たる日本語の授業ですが、就業時間内か就業時間外かなど受講時間は企業内のルールや受講者と企業との話し合いにより決まります。また、このケースの受講時間数は、最も多いのが週1、2時間ですが、入社時や初来日時には多めに許されている企業が多いようです。これからの会

社生活や日常生活の不安を払拭し気持ちよく働いてもらうようにするためのサービスですが、優秀な社員の囲い込みというもくろみもあるようです。

C　クライアント≠受講者の場合

≫ 担当者とのやりとり

　企業側の扱いとしては社員研修となります。当該受講者にとっては、受講が義務となることが多いものです。新入社員研修から中堅社員研修、特別のポストに向けた研修など、対象受講者も内容も異なり、期間は1日、1週間から1年近くに及ぶものまで、頻度も毎日、週に一度、1カ月に一度などさまざまです。教育機関が受託する場合は、すでに既存のコース内容のパッケージを提案し、細部を手直ししていくものが多いかもしれませんが、フリーランスの場合は、案件ごとに0から企業側担当者と作り上げていくものが多いかと思われます。

　ほとんどの場合、ざっくりしたイメージで担当者が申し入れてきたものに対して、何度も面談し、すり合わせをしていく中で、企業側の要望を詳細に聴き取り、こちらの提案や意見も取り入れてもらい、コースそのものを作り上げていくというイメージです。その企業ではじめて日本語研修を導入する場合、企業側担当者や責任者にも日本語研修の経験がないという場合がほとんどです。担当者に日本語学習の経験がある外国籍社員がいる場合は、一番の理解者になってくれるかもしれません。

≫ 企業ニーズの聴き取り

　基礎編にもありましたが、研修の場合は必ずのように予算というものがありますので、予算に応じて時間数を絞ったり増やしたりするためにも面談を重ねます。企業研修には必ず成果が求められます。講師からのフィードバックだけでなく、受講者や直属の上司からのフィードバックもあり、その結果、翌年度の予算を多くもらえることもあれば、一度きりで終わるという厳しい結果になることもあります。

　フリーランスを雇う企業側は、フリーランスなのだから臨機応変に対応してくれると期待していることが多いので、コース途中でまったく違う方向に舵を

切らなくてはならないことも稀にあります。その場合にも大切なのは企業側担当者との関係を良好に保ち、スクラムを組み成果を上げることです。

　フリーランスは教育機関でのコーディネーターの役割も自分ですることになります。ニーズインタビューは企業側担当者にします。企業の要望に合わせて受講者には企業の要望の中から不得手なことや弱いと感じていることを聴き取る程度にします。担当者が受講者個人個人のレディネスを聴き取り、プレースメントテストとクラス分けをしておいてくれる場合もありますが、あてにならない場合も多くあります。稀に企業側担当者が日本語教育の経験者というケースもありますが、それ以外は仕方がないことなのかもしれません。

　そうなると教材選定の前に口頭チェックや簡易的なテストなどを講師が再度行う場合もあります。受講者に対してはコースについての大きな要望ではなく「自分では何が得意で何が苦手だと思っているか」「四技能のうち自信があるのは何か、ないのは何か」などの現状を聴き取る程度にとどめておいてください。

≫ 研修の成果

　大規模研修となると、受講者一人ひとりのニーズに合わせられるものは少なく、社員として受講が義務とされているケースが一般的です。受講後の成果が求められ、当然、その成果は彼らの今後のキャリアにも大きく影響してきます。一定の成果を上げられなければ昇進できないということもあります。

　また、研修の達成度や質が企業側担当者の社内での立場や今後のキャリアにも影響します。もちろん、教師自身には次期の依頼が来なくなることもあります。反対に、成果が上がれば依頼されるコマ数や報酬が上がったり、その企業の取引先企業やグループ企業へ紹介してくれたりするということもあります。

　研修規模によっては企業側担当者にアシスタントを付けてもらえる場合もあり、担当講師が複数になることがありますが、協力し合って成果を上げるようにしましょう。企業側担当者や講師チームと「いい人間関係」を築き、しっかりとした協力体制で臨んでください。特に、担当者といい関係が築けると社内の動静を教えてくれることもあります。企業側担当者が最強の味方になってくれるか最恐の相手になってしまうかはあなた次第です。

⑦ 仕事の流れとその後

　コースデザインから報告・ふりかえりを含んだコースの終わりまでは、教育機関の所属教師として働く場合とほぼ同じだと言えます。リーダー的な立場で研修を請け負う場合や複数の講師とチームになって教える場合は、ほかの講師との関係構築にも努めてください。

　研修の成果が上がり、講師として信頼を得ることができ、クライアントと「いい人間関係」が築ければ、何年も契約が更新されていきます。受講者本人や企業担当者が転職したり、転勤したりすることをきっかけに新規契約に結びつくこともあります。

　筆者自身の好みを言えば、8割が従来のクライアント、2割が新規クライアントというのが理想です。すべて同じクライアントで継続すると安定はありますが、新たな経験や挑戦ができないということになり、フリーランスの醍醐味が味わえないと感じるからです。今まで教えたことのない国の人や職種の人に出会い、どう対応していこうか考えることもフリーランスの楽しみの一つです。学習者になかなか満足してもらえない状況や今までに経験したことのないニーズ、企業クライアントからの無理難題を楽しめる人はフリーランスに向いているかもしれないと思います。

⑧ 報酬の決め方

　報酬、お金の話はセミナーなどで毎回聞かれることですので、あらためてまとめておきます。報酬は仕事の対価としていただくものですが、場合によってはクライアント側と交渉しなければならないことでもあります。

　報酬額をいくらにするかはまったくの自由です。ただし、契約期間内に値上げしたいことがあっても、企業がクライアントの場合は非常に難しいということは覚えておいてください。契約更新時まで今の金額は継続されます。

　こちらから交渉しない限り、企業から報酬を上げましょうと持ちかけられる

ことは稀ですが、担当者との関係がうまくいっていると「来年度は予算が多く取れるのでもう少しお支払いできますよ」と言ってもらえることもあります。担当者としたら、人柄や成果に信頼がおけるようになり、うまく連携がとれるようになった講師を逃したくないということもあるかもしれません。

　新規契約で予算があまりない時は、クライアントの満足度のためにレベルチェックや報告などをサービスすることもありますが、次期はしっかりいただけるよう、契約更新時には交渉しましょう。仕事が欲しいと安価で請けたくなるでしょうが、契約期間内は値上げできないと覚えておいてください。値上げを望む場合は、今期の成果を出し、契約更新時に交渉してください。

　受講者本人が受講料を払う場合、受講者の懐事情を理由にサービス料金で引き受けることもあるでしょう。その場合、割引期間や回数を決めておくというのはいかがでしょうか。正規料金になった時に受講者が離れていくなら、厳しいようですが価値を認めてもらえなかったと思い、講師自身のスキルアップなり、なんらかの努力が必要だということになります。新たなスキルを身に付けたり、勉強会に参加したり、教材研究を続けたりして、力を付けましょう。その費用を捻出するためにも、それができる報酬額の設定をしましょう。

　キャンセルポリシーについても忘れないでください。ドタキャンは、どんな理由があっても、きちんと規定どおりにいただくことです。一度、許した例外はもはや例外ではなくなると思ってください。先に受講者の指定のカフェに着き、注文してしまったのにキャンセルされたと泣き寝入りするなどということにならないように、交通費、コーヒー代、教材は受講者負担であることをはっきり伝えておきましょう。これらをすべて自己負担してもいいだけの報酬をいただけているなら別です。

⑨　安定した働き方にするための差別化戦略

サービス業に徹する

　フリーランスとして安定した収入を得ていくために大切なことは、顧客満足

度がすべてだと肝に銘じておくことです。筆者は、学校勤務をやめ、フリーランスになってから、自分の仕事は教育業ではなく、日本語教育を提供しているサービス業だと、自分に言い聞かせてきています。

　少々、復習しておきましょう。教育機関の教師は、その教育機関の方針や規定に基づいて働き、職種や仕事内容に応じた給与が支払われます。

　一方、フリーランスには、特定の雇い主がいません。クライアントがたった一人でもフリーランスと名乗ることができます。雇い主はその時々のクライアントです。クライアントに望まれるサービスの対価として報酬をいただく働き方です。日本語教師としての価値観やビリーフが邪魔になる場合もあります。

　日本語学習そのものが好きで日本語を研究しようという受講者ではなく、「便利な道具」として使い、仕事や趣味などができるようになることを目指している受講者のほうが、フリーランスのクライアントには圧倒的に多いのです。

　日本語教育の世界の常識が常識でないことが多くあります。特に、ビジネスパーソンには時間がありません。週1、2時間しか受講時間が取れないのが普通です。週20時間の授業で使う教科書を同じ使い方で学んだら3年かかるか5年かかるかわかりません。たとえば、3年後には他国への赴任が決まっている外交官ならどうしますか。この教科書を使って何を教えるかではなく、何を扱わないかを考えなくてはならない場合が多くあります。まず、ひらがなを覚え、カタカナを覚え、初級文法を覚え…という順に提示されている教科書がそのままでは使えないような場合が多くあります。

　以前、漢字は読めなくてもいいから、日本語版のカタログを見せながらプレゼンテーションをし、商談をまとめるまでのセールストークをすべて日本語でしたいという要望がありました。そのためには、日本的な相槌やフィラーも必要ですし、好感度を高める振る舞いも含まれます。確かに漢字の読み方を一つ一つ指導している時間はありません。

　それでも日本語でプレゼンするなら、見込み客に見せる資料が読めるぐらいは漢字の学習をしてもらいたいという教師の価値観はちょっと横に置いておいて、まずは受講者の目指すゴールを達成してもらわなければなりません。もち

ろん、読めるのが一番ですが、まずは教師の価値観ではなくクライアントの価値観を優先させ、クライアントが自ら望むまで漢字の学習の話はしまっておきます。どうしたら「漢字の勉強がしたい」と言ってくれるのかという問いが、頭の中ではぐるぐる回っていてもです。この受講者の場合は、流暢{りゅうちょう}な日本語でセールストークができるようになった3カ月後、漢字が読めたら言葉が覚えやすいと気付いたそうで、懸命に漢字の勉強をする姿を見ることができました。

ブランディング

　ブランドというとどんなものを思い起こしますか。一般財団法人ブランド・マネージャー認定協会の定義では、「ブランド」とは、「ある特定の商品やサービスが、消費者・顧客によって『識別されている』とき、その商品やサービス」のことを指すのだそうです。「ブランド」というと、高級ブランドの洋服やバッグ・靴などを思い起こすと思いますが、語源はというと、放牧する牛や酒樽{さかだる}にうちのものだと知らせるために入れた「焼き印」だそうです。所有者や製造元をほかと間違われないようにマークや名前を焼き付けたものです。

　「ブランディング」とは、商品やサービスを「ほかにはない、そこならではのもの」として認識させ、ほかとの差別化を図ることです。企業のブランディングには、その企業のイメージ作りも含まれます。

　ここでは、これからフリーランスになる人、フリーランスになったけれどクライアントが一向に増えないと悩んでいる方にお伝えします。ブランディングについては、仕事を始めてしばらくしてから考えてもいいと思いますが、初めから得意分野や前職につながる日本語教育をしたい場合はフリーランスを始める時にちょっと考えてみてください。

　セルフブランディングの本を読むと、必ずSNSで発信することと書いてあります。確かに自分というブランドを広く世界に知ってもらうにはSNSは強いメディアだと思います。ただ、小さく始める場合、特に、自分一人で通える範囲内で対面中心に教えようと思っているなら、SNSを使うよりいい方法があるかもしれません。その地域の産業構成や外国人の属性によっても変わってき

ます。マーケティングも併せ、効果的な方法は異なってくるかと思いますので、まずは、ご自分の強み、働き方、教える対象、活動の場所も合わせ、セルフブランディングしてみましょう。

　自己紹介の時に意識して一言付け加えることから始めるといいと思います。「日本語教師の〇〇です」では不十分です。以前に比べると日本語教師の認知度は上がりましたが、「日本語教師」の仕事について誤解している人も多くいます。「日本語教師です」と言ったら「じゃあ、英語が堪能なんですね」と言われたことがある人は多いと思います。通訳と混同している人は意外に多いものです。日本語教師の集まる勉強会などなら「日本語教師です」と自己紹介する人はいませんね。

　同業者の集まりで自己紹介をするなら「落語ができる」「元ホテルマンの」「ゴスペルシンガーの」「元介護士の」などという一言を「日本語教師」の前に付けることから練習してみましょう。キャッチフレーズでもいいし、前職に絡めたものでもいいので、会う人会う人に印象付けられるようにしましょう。自分の強みであるセールスポイントを織り込み、落語が好きだという外国人に会った人が瞬時にあなたの顔を思い出してくれたら大成功です。

　自分の得意分野や中心に教えている場所、対象学習者などを伝えたい場合、日本語教育の専門用語を使わずに説明できますか。たとえば「継承日本語」という言葉を、相手が具体的にイメージしやすい言葉で、その人の記憶に「焼き付け」、その人がほかの人に説明できるように伝えてください。

　すでに「〜ができる先生を探しているなら〇〇さんしかいない」「〜を習うなら△△先生しかいない」と同業者や日本語学習者、周囲の人に伝えてもらえている人はブランディングに成功していると言えます。

マーケティング＆ターゲティング

　日本国語大辞典によると、マーケティングとは「状況の変化に対応しながら、消費者のニーズを満たすために、商品またはサービスを効率的に消費者に提供するための活動。市場調査、商品計画、宣伝、販売など」とあり、広い範囲にわたった活動だとわかります。フリーランス日本語教師なら、自分が教えられ

る時間帯や地域の市場調査をします。その時間帯や地域のどんな職種の企業が外国人を雇っているのか、どの国に支社があるのか、その見込み客がどんな日本語教育を望んでいるのか、または日本語学習なんて考えたこともないのか聴き取りをしたりネットで調べたりしてみましょう。企業訪問をしてみてもいいでしょうし、外国人が集まる店にポスターを貼ってもらってもいいでしょう。何とか、1件目のクライアントにすることができたら (**5**) でお伝えしたようにそこから広げていくのですが、第1段階としては、1件目のクライアントの地域で次のターゲットを探してみましょう。その企業や学習者向けの新たなサービス開発をすることを考えてみましょう。すでに自分のサービスがあるなら、それを欲しがっている人がどこにいるのか考えましょう。オンラインで教えるなら、地域より時差や自分を知らせる方法を考えていきましょう。時代の流れに乗ってその時々に合った働き方を選択してください。今は職種を絞ったほうがいいのか、ここは絞らずいくつかの職種に広げた方がいいのかをビジネス書や経済ニュースを参考にして考えていきましょう。

ティーチング＋コーチング＋カウンセリング

筆者は、この三つを組み合わせることを意識してきました。取り入れ方の割合は、受講者のレベル、性格、タイミングなどによって変わってきます。

まず、プロとして報酬をいただいている教師なら「ティーチング」ができなくてはなりません。文法、会話、発音などのある特定の日本語技能のみに特化して秀でた教師もいいですが、日本語全般の指導に長けているならクライアントに何を要求されても怖くありません。一つでも苦手項目が減るように学び続けることはやはり大切です。より伝わりやすい教え方を考え、見いだすために、今まで経験したことのないメソッドや新たに出版された教材研究をしながら腕を磨いていきましょう。

お伝えしたように、フリーランスの仕事は多岐にわたっています。筆者にとって、コースデザインをする前にクライアントの悩みやニーズを聴き取ることは

欠かせないことです。筆者は、この聴き取りでは「コーチング」の手法で傾聴し、本人が日本語でかなえたいことを話してもらいます。

特にプライベートレッスンの場合は、日本語学習の先にある本当に欲しいものに気づいてもらい、そのためにはどうすべきだと思っているのか、いつまでに○○をするというような約束事も本人に決めてもらいましょう。「先生が言ったからやる」という受動的な学習態度では、「先生が言わなかったらやらない」「先生のやり方に疑問があっても先生が言うから従う」「今日は時間があるけれど宿題がないからやらない」ということになってしまいます。このような受動的な受講者にしてしまってはいけません。そもそも大人の、それも大抵ある道のスペシャリストであるビジネスパーソンに「宿題」が必要なのか疑問に思います。そこで筆者は受講者に「宿題が欲しいか」も聞いています。こうして自主的に学習することが基本ですが、性格的にできない人もいます。その場合は、ちょくちょくこちらから声掛けして自分事にしていってもらいます。自分のための学習が自分事にならないとどうなるでしょうか。

たとえば、そんな受講者が試験に落ちた時には「先生が言ったように勉強したのに落ちた」ということになります。できなかったのは講師の教え方が悪かったからでしょうか。そうとは限りません。そもそも試験に合格したいのは学習者本人のはずです。大学や大学院を卒業し、企業に採用されたビジネスパーソンなら自分に適している学習方法を確立している人のほうが多いはずです。責任逃れすることなく、学習を能動的に自分の意志でしてもらうために自分が努力することを約束してもらうのです。次のレッスンまでに何をするか、何ができるか、自分で決めてもらいます。そうやって受かったほうが達成感も感じられるはずです。

最後に、カウンセリングと言っても、筆者は専門家ではありません。ですから、本格的なカウンセリングはできません。しかし、特にエグゼクティブの場合により多いのですが、信頼関係が深まってくると、必ずのように「今日はレッスンから離れて相談に乗ってもらえないだろうか」と言われることがあります。内容は家族の話だったり、社内のことだったり、さまざまですが、特に多いの

は、日本のビジネス慣習に関わることや日本人社員との付き合い方、接し方です。敏腕経営者にも悩みはあります。優秀で隙がなく見える人ほど、まわりの人に相談できない、愚痴も言えないということが多いものです。

　この場合、筆者が主にしていることはひたすら聴くことです。そして「どうしたらいいだろうか」と聞かれたら、「あなたはどうしたいか」と聞き返します。それでもアドバイスを求められたら、本音で「私ならこうする」と答えます。時々、日本語教師仲間から「授業の1時間ずっと、媒介語で話していただけで日本語を教えていないのに、授業料をいただくのは申し訳ない」と聞くことがあります。真面目だと言われる人ほど罪悪感を感じているようです。

　ここで考えるべきは「クライアントの価値観」です。予定どおり日本語を勉強することと悩みを打ち明けスッキリすることと、このクライアントはどちらに価値があると思ったのでしょう。そもそも、その話は今度聞くなどと答え、日本語の授業に戻ったとして、学習に身が入るのでしょうか。何が何でも予定どおり勉強することが、今、この人にとって有益な時間となるのでしょうか。時にはカウンセラー、悩みの聴き役になることも大切なサービスの一つだと考えたらいかがでしょう。ただし、話を聴いてあまりにも深刻な問題ならその分野の専門家につなぎましょう。

　この「ティーチング＋コーチング＋カウンセリング」の割合はクライアントによって変わってきます。もちろん、ほぼティーチングだけで進む場合もありますし、毎回、コーチングを入れていく場合もあります。一時的にカウンセリングが増えてくる場合もありますし、その悩みもちょっとしたことだったり、単なる愚痴の聞き役だったりもします。

限定感

　料金競争にのってはいけません。フリーランスを紹介するプラットフォームも多くなってきました。私自身は使っていませんが、そこでクライアントを見付ける人たちからよく聞くのは、ほかの登録教師の料金と同額か少し安めに提示するという話です。どうしても比べて安くしてしまうそうです。理由は、ほ

かの人より安いほうが選ばれそうだからとのことです。自分から「安い者勝ち」と決めているのです。昔、バブルが崩壊した時にも同じことが起こりました。仕事が減ってくると、フリーランスの日本語教師が一斉に自分の授業料のディスカウントをし始めました。その結果、日本語学校や大学の職を求めたり、日本語教師を辞め転職したりしていきました。本人の望みからならいいことですが、生活できないからという理由が多かったのは残念なことです。この時私が生き残ったのは、この方々より優秀だったからではありません。値下げをしなかったからです。

　料金競争をすることより、限定感を持ってもらうことを考えましょう。限定○○とかになると欲しくなりませんか。私たちフリーランスが目指すべきは「ナンバーワン」より「オンリーワン」です。「ナンバーワン」に安くするのではなく、また「ナンバーワン」にうまくなることでもなく、ほかにない「オンリーワン」になることです。「ナンバーワン」になったら、追い付け追い越せと追ってくる「ナンバーツー」が怖くないですか。誰かが一番安くするとみんな同調し、より安くし、その結果、価格崩壊・料金崩壊が起こります。皆さんに目指してほしいのは、ディスカウントではなく、「ナンバーワン」でもなく、「オンリーワン」です。「こんなに私のことを考えてくれる教師はこの人だけ」「私が習いたい先生はこの人だけ」と言ってもらえる教師になることを目指しましょう。

⑩ フリーランスを目指す皆さんへ

　継続する方法は ⑤ でお話しましたので、ここではマインド的なことをお伝えしたいと思います。

　「煩わしい人間関係から抜け出したいから」「一人で誰とも関わらず自由に仕事をしたいから」フリーランスを目指すということが可能な職種もあるのかもしれません。しかし、日本語教師の場合は難しいと言えます。そもそも言語を扱う仕事、コミュニケーションを教える仕事です。限られた期間、メールや通信ツールを通したやりとりでライティングだけを教えるなどの場合は、人と関わらずにできる働き方なのでしょうか。

フリーランスの場合、実際にはどうでしょうか。筆者は、以前のクライアント、学習者、異業種・同業種の皆さんに、これまで数えきれないほどの方々に助けていただきました。一人では仕事が広がりません。新規クライアントも増えなかったでしょうし、契約更新ができないこともあったでしょう。「いい人間関係」は受講者にとって大切なことである前に、フリーランスにこそ大切なことです。

　また、世の中の状況が移り変わるとともに受講者の属性も変わっていきます。学び方も変わってきます。教材開発も進んでいます。時流に乗り、自分も変わらなければ、時代に取り残され、いつの間にか仕事は来なくなります。まずは、日本語教育以外のことにもいつもアンテナを立てておくことが大切です。そうすると今流行（はや）っていることだけではなく、近い将来に流行りそうなことを探し当てる磁石の針が動くようになります。次にどんな国のどんな職業の受講者が増えてくるのか、針が振れた方向に動いてみてください。

　日本語教材や教師用参考書の新刊は必ずチェックしましょう。実際に手に取り、はじめからページをめくり研究していく癖を付けてください。尊敬している先生がいいと言っていたからと中身も見ずに買い求め、内容も確認せずに明日の授業で使い始めるなんてことはしないでください。昔、「営業マンなら接待ゴルフくらいできなければいけない」と上司に言われ、買ったばかりのゴルフセットのビニール袋をゴルフ場で破りデビューしたなんて失敗談を聞いたことを思い出します。せめて練習場で打ち込んでから行かなければせっかく来てくれたお客さんも怒って帰ってしまいます。皆さんは、買ってきたばかりのまっさらなテキストを受講者の前で初めて開いたりしていませんか。しっかり研究してから、その教材を有効に使える人にだけ使うようにしましょう。学習者のために語彙（ごい）や表現をカスタマイズできるように、教材を読み込み、シミュレーションしてどこをどのようにアレンジすればいいのか考えてください。

　日本語学校に所属している教師なら内部研修があると思います。大学で論文を発表するために研究し続けるのは当然だという人もいるでしょう。では、フリーランスの現場教師はどうでしょうか。自分で動かなければ誰も教育してくれません。フリーランスになったら自ら機会を見付け学び続けなければなりま

せん。フリーランスにはどんなにサボっていても、手抜きをしても叱ってくれる人はいません。やるのもやらないのも自由ですが、当然結果に差は出ます。

　学びの機会が世界規模で増えてきましたが、フリーランスの働き方も多岐にわたってきました。SNSで集客しオンラインツールを使い自宅で教えることができる世の中になりました。SNSでスターになる教師も出てきました。これも一つの選択肢なら、地元の外国人に対面で教えるというのも一つの選択肢です。外国人と関わりのある日本人を対象に「やさしい日本語」を専門にしている教師もいます。継承語としての日本語を教えている教師もいます。ビジネスパーソンを対象に教える教師は、まだまだ不足しています。日本語教師の働き方も多様性の時代に入ってきたということです。皆さんに合った働き方で、はじめの一歩を踏み出してください。

Koyama Akiko

ちょっとお得なビジネス日本語教師

　クライアントの一つにブランディング企業がありました。ここでは、受講者にビジネス日本語を教えながら、企業ブランディングからセルフブランディングに至るまで、専門的なことを教えていただけた話をご紹介します。

　当時は、ブランディングという言葉自体の認知度も低く、一般的にはあまり注目されていませんでした。正直な話、この仕事のオファーを受けた時の私も、ブランディングとは何なのか、それを生業としている人たちが具体的にはどんな仕事をしているのか、同僚や取引先とどんな日本語を使うのか、さっぱりわかりませんでした。もちろん数冊の本やウェブ上の記事を読んではみましたので、なんとなくのイメージと仕事で使う専門用語は少しわかってきましたが、コースデザインまではできません。このように初めての職種など、案件によってはレディネス・インタビューを2、3回行います。ここでは、受講者のほかに日本人の同僚にお願いしてインタビューさせてもらいました。おおまかにデザインができたら、後は日々のレッスンの中で補っていきます。たとえば、専門的なことを素人に説明するというタスクを課したりしていきます。タスク自体が学びになるばかりでなく、その後のレッスンを最適化していくためにも役立ちます。

　このクライアントには、同僚の方のご尽力もあり、営業用資料をいただき、日本語教師対象という条件でブランディング講座を開くこともできました。報酬をいただきながら、その道のプロに専門的なことを無料で教えてもらえるなんて、日本語教師ってなんていい仕事なんだろうと思いました。

　同様に、日本初のコーチング翻訳本が出た当時、コーチを生業にしている受講者がいました。本で学び、コーチングスクール数校の入門講義を受け、受講者から「ロールプレイ」を通して学べたおかげで、コーチングを仕事に生かせるようになりました。受講者から学ぶことは多く、逆に彼らには教える楽しさを味わってもらえます。

参考文献

▶ **実践編 2　p.99、100、102／授業実践例 1　p.114**
米田隆介、藤井和子、重野美枝、池田広子著『新装版 ビジネスのための日本語』
スリーエーネットワーク 2006

▶ **授業実践例 2　p.117**
村野節子、山辺真理子、向山陽子著『ロールプレイで学ぶビジネス日本語
グローバル企業でのキャリア構築をめざして』 スリーエーネットワーク 2012

▶ **授業実践例 3　p.119**
宮崎道子監修、瀬川由美著『BJT ビジネス日本語能力テスト 読解 実力養成問題
集 第 2 版』 スリーエーネットワーク 2018

▶ **授業実践例 5　p.124**
白崎佐夜子著『10 の基本ルールで学ぶ 外国人のためのビジネス文書の書き方』
スリーエーネットワーク 2021

▶ **授業実践例 6　p.126**
小野塚若菜、篠﨑佳子、島恭子、吉沢由香里著『ビジネス日本語 オール・イン・
ワン問題集』 ジャパンタイムズ出版 2015

▶ **授業実践例 7　p.129／授業実践例 8　p.131**
武田聡子、長崎清美著 特定非営利活動法人日本語教育研究所編『改訂版 留学生・
日本で働く人のためのビジネスマナーとルール』
日本能率協会マネジメントセンター　2023

▶ **授業実践例 9　p.133**
創作集団にほんご企画・編集、武田 聡子監修『マンガで学ぶ日本語表現と日本
文化―多辺田家が行く !!』 アルク 2009

▶ **授業実践例 10　p.135**
公益財団法人日本漢字能力検定協会編『マンガで体験！にっぽんのカイシャ〜
ビジネス日本語を実践する〜』 公益財団法人日本漢字能力検定協会 2017

▶ **授業実践例 11　p.137**
近藤彩、金孝卿、ムグダヤルディー、福永由佳、池田玲子著『ビジネスコミュニ
ケーションのためのケース学習 職場のダイバーシティで学び合う【教材編】』
ココ出版 2013

資料 01

企業向けオリジナル評価基準

→ p.40　基礎編 4　ビジネス日本語研修の評価

カテゴリ・レベル		聞く・話す		
		日本語力（聞く）	日本語力（話す）	ビジネスコミュニケーション力
AJ1	＋	母語話者の速いスピードの話し言葉を理解し、その行間を読み相手の意図が推測・理解できる。	人間関係や場面の状況などを読み取り、適切な表現ができ、流ちょうに話や対話を組み立てることができる。	社内外におけるさまざまなビジネスの場面で相手の意見や立場、感情をくんだ上で業務を円滑に行い、目的を果たすことができる。会議の内容の把握、さまざまな情報の理解・伝達ができる。また、専門分野のプレゼンが効果的にできる。専門知識と日本語力をもって営業やコンサルテーション、共同プロジェクトの業務遂行も可能。（※OJTによる十分なトレーニングが必須となるレベル）
	−			
AJ2	＋	日常的な場面に加え、さまざまな話題、会話、ニュースについて、自然に近いスピードの話を理解し、自力で対応することができる。ややくだけた会話表現も理解できる。	対人関係に応じた表現を使い分けることができ、あらかじめ準備が無くても一般的な話題であれば応答ができる。	社内の日常的な業務において、日本語で対応（簡単な電話応対、来客応対）ができる。会議、打ち合わせにおいても、自分の業務に関する内容であれば発言・説明ができ、準備があれば簡単なプレゼンテーションができる。それに関連した質疑応答も可能。自身の専門知識外のことについても、自ら調べ、理解することができる。ただし、どんな業務を遂行するにも、上司や同僚が業務指示を行う場合には、平易な日本語、ビジュアルを使ったわかりやすい説明が必要となる。
	−			
AJ3	＋	日常的な場面で、やや自然に近いスピードのまとまりある会話やニュースについて、要旨を把握できる。やや難易度の高い表現の場合、言葉の置き換えがあれば、大まかな内容を理解することができる。	日常的場面で、自分の意見を不自由なく述べることができる。日常生活の身近なことについて母国語と日本を比較して話せる。相手に応じて態度・表現・言葉遣いを意識することができる。	職場での日常会話であれば理解できるレベル。会議、打ち合わせなどでは自分のよく知っていることであれば（または事前説明があれば）説明ができ、相手の説明もある程度理解することができる。業務遂行には、まだ多くの場面で母語のサポートが必要となるが、自分の専門知識や大学の専攻などで習った予備知識があれば、限られた業務に限り業務遂行が可能。ただし、事前に平易な言葉、またはビジュアルなどを利用したわかりやすい業務説明をする必要がある。
	−			
AJ4	＋	日常的な場面で、ややゆっくりと話される会話であれば、内容を理解し、それに対する自分の意志を表現することができる。	自分のよく知っていることや、経験したこと、興味のあることについて簡単な語句を使って話せる。	基本的なあいさつや決められたフレーズで自己紹介ができる。具体的な方法説明があれば、限られた範囲内の繰り返し行う業務（データ入力、資料作成など）に限り自分で進めることができる。しかし、多くの業務においては、母語のサポートが無ければ業務遂行はできない。
	−			
AJ5	＋	身の回りの日常生活の場面で、ゆっくりと話される短い会話が聞き取れ、基本的な文型や限られた語彙を使って、相応の意志表現ができる。		習った入門レベルの語彙を使って、職場でのあいさつ（おはようございます、お先に失礼します、お疲れさまでしたなど）ができる。
	−			
AJ6	＋	聞いたことがあるというレベルでのあいさつ（こんにちは、おはよう）ができるが、日本語だけでのコミュニケーションは取れない。意味がわからなくても日本語を繰り返すことができる（＋）音に慣れていないため繰り返すこともない（−）		
	−			

カテゴリ・レベル		読む・書く		
		日本語力（読む）	日本語力（書く）	ビジネス文書
AJ1	＋	どのような話題についても、内容やその重要度を把握でき、詳細なところまで理解できる。辞書を使わなくても、わからない言葉は文脈から推測できる。常用漢字（2000字程度）を読んで理解できる。	起承転結をもった、書き手の意図が伝わる文章を書くことができる。漢字は一般の日本人と同程度に書くことができる。	社内外のメールや文書は、一般の日本人と同程度に理解でき、作成することができる。
	－			
AJ2	＋	幅広い話題について平易な表現で書かれた説明文、新聞記事など、また自分に必要な専門的な資料について、時間をかけて内容をほぼ理解することができる。小学校卒業レベルの漢字（1000字程度）を読んで理解できる。	一般的な話題について、報告書やスピーチ原稿を書くことができるが、正確に書くためには辞書などの母語の補助が必要となる。	ひな形があれば簡単な報告書、メールなどは作成できるが、内容は不十分な場合が見られる。社外へのメールには日本人による確認が必要。日常的な社内文書やビジネス文書の基本的なものがおおむね理解できる。
	－			
AJ3	＋	日常的な話題に関する具体的な内容を読んで理解することができる。新聞の見出しなどから情報の概要をつかむことができる。小学校中学年レベルの漢字（500字程度）を読んで理解できる。	テーマに沿って、自分の意見を交えながら文章を書くことができる。相手や種類によって文体をある程度使い分けられる。文体を使い分けた簡単な報告書や一般的なスピーチの原稿が書ける。	ビジネスメールは定型文をコピー＆ペーストで作成することはできる。雛形があれば、簡単な報告書やメールなどは作成できるが、自分で工夫して書こうとすると、不自然で不十分なものとなってしまう。日常的な社内文書やビジネス文書の基本的なものがある程度理解できる。
	－			
AJ4	＋	基本的な語彙や漢字を使った平易な日常生活の話題を読んで理解することができる。商品の解説書・パンフレットなどが読める。画面の指示が理解でき、インターネットで簡単な情報が得られる。小学校低学年レベルの漢字（200字程度）を読んで理解できる。	自分のよく知っていることや体験したことについて、簡単な感想や報告（週報など）が単文レベルで書ける。	ビジネスメールは社内宛て定型文をコピー＆ペーストで作成することはできるが、自分で書くことはできない。日常的な社内文書やビジネス文書は、ほとんど理解できない。
	－			
AJ5	＋	身の回りの日常生活で目にするメニューや看板などが既習の語彙や文型であれば、読んで意味が理解できる。ひらがな、カタカナが正しく読み書きできる。		日本語でのメールは書けない。必要なメールは英語で書く。ビジネス文書、メールに関しては、ほぼ理解できない。
	－			
AJ6	＋	ひらがなは読めるが、ときどき似た形の文字に混乱がある。カタカナも不十分（＋） ひらがな、カタカナを拾い読みすることができるが、意味がわからない。または、ぜんぜんわからない。（－）		
	－			

資料
02
『日本語文法ブラッシュアップトレーニング』
仲山淳子著　アルク
p.87「どこがダメ？」
p.88「どうしてダメ？」「ポイントチェック」
→ p.121　授業実践例 4　使用テキスト

どこがダメ？

❶ 新しい薬を作られました。

❷ 駅前に新しいビルを建てられました。

✏ 直してみよう
❶
❷

新しい薬ができることも、新しいビルができることも、普通は迷惑なことではない。しかし、①②は、下のようなイメージになってしまう。

☞ ポイントチェック

これについて言いたい！

□□□ が ┃物・出来事┃ を 動詞 。　　・主催者が花火大会を行う。

⬇

□□□ が ┃物・出来事┃ が 動詞（受身形） 。　・花火大会が行われる。

有名な物や出来事など、人ではなくそのものについて何かを言いたい場合は、物や出来事を主語にして、受身形を使って表します。このとき、助詞を間違えて人を主語にして「〜を〜される」と言ってしまうと、「私は迷惑だと思っている」という意味になってしまうので、気を付けましょう。

・（人が）東京スカイツリーを2012年に建てました。　➡ 東京スカイツリーは、2012年に建てられました。
・（人が）牛乳からチーズを作ります。　➡ チーズは牛乳から作られます。
・（人々が）英語を世界中で話しています。➡ 英語は世界中で話されています。
・ピカソがこの絵を描きました。　➡ この絵はピカソによって描かれました。

※作った人も言いたいときは、「〜によって」を使って表します。

≫ おすすめビジネス日本語教材リスト

初級

『きょうから話せる! にほんご だいじょうぶ』
　サンアカデミー日本語センター 著　ジャパンタイムズ出版
『NIHONGO Breakthrough From survival to communication in Japanese』
　キャプラン株式会社 著　アスク出版
『NIHONGO EXPRESS Practical Conversation in Japanese Basic 1』
　日米会話学院日本語研究所 著　アスク出版

初級終了から中級

『初中級レベル ロールプレイで学ぶビジネス日本語 −場面に合わせて適切に話そう−』
　村野節子　山辺真理子　向山陽子 著　スリーエーネットワーク
『初級が終わったら始めよう 新・にほんご敬語トレーニング』
　金子広幸 著　アスク出版
『新装版 ビジネスのための日本語』
　米田隆介　藤井和子　重野美枝　池田広子 著　スリーエーネットワーク
『新装版 商談のための日本語』
　米田隆介　藤井和子　重野美枝　池田広子 著　スリーエーネットワーク
『新装版　実用ビジネス日本語』
　TOP ランゲージ 著　アルク

上級

『人を動かす! 実戦ビジネス日本語会話』
　宮崎道子 監修　瀬川由美　紙谷幸子　北村貞幸 著　スリーエーネットワーク
『ロールプレイで学ぶビジネス日本語 グローバル企業でのキャリア構築をめざして』
　村野節子　山辺真理子　向山陽子 著　スリーエーネットワーク
『タスクで学ぶ日本語ビジネスメール・ビジネス文書
適切にメッセージを伝える力の養成をめざして』
　村野節子　向山陽子　山辺真理子 著　スリーエーネットワーク

会話

『にほんごで働く! ビジネス日本語 30 時間』
　宮崎道子　郷司幸子 著　スリーエーネットワーク
『ロールプレイで学ぶビジネス日本語』＊初中級、中級、上級
　村野節子　山辺真理子　向山陽子 著　スリーエーネットワーク
『みがけ!コミュニケーションスキル 中上級学習者のための ブラッシュアップ日本語会話』
　清水崇文 編著　スリーエーネットワーク

読解

『BJT ビジネス日本語能力テスト 読解 実力養成問題集 第 2 版』
　宮崎道子 監修　瀬川由美 著　スリーエーネットワーク
『ビジネス日本語 オール・イン・ワン問題集』
　小野塚若菜　篠﨑佳子　島恭子　吉沢由香里 著　ジャパンタイムズ出版
『中級から伸ばす ビジネスケースで学ぶ日本語』
　筒井通雄 監修　高見智子 著　ジャパンタイムズ出版

ライティング

『しごとの日本語　メールの書き方編』　奥村真希　釜渕優子 著　アルク
『仕事で使う！日本語ビジネス文書マニュアル』　奥村真希　安河内貴子 著　アスク出版
『10 の基本ルールで学ぶ 外国人のためのビジネス文書の書き方』
　　白崎佐夜子 著　スリーエーネットワーク

聴解、聴読解

『BJT ビジネス日本語能力テスト 聴解・聴読解 実力養成問題集 第 2 版』
　　宮崎道子 監修　瀬川由美　北村貞幸　植松真由美 著　スリーエーネットワーク
『BJT ビジネス日本語能力テスト 公式 模擬テスト＆ガイド』
　　日本漢字能力検定協会 編　日本漢字能力検定協会
『ビジネス日本語 オール・イン・ワン問題集』
　　小野塚若菜　篠崎佳子　島恭子　吉沢由香里 著　ジャパンタイムズ出版

ビジネスマナー

『しごとの日本語　ビジネスマナー編』　釜渕優子 著　アルク
『改訂新版 日本企業への就職 ビジネスマナーと基本のことば』
　　岩澤みどり　海老原恭子 著　アスク出版
『改訂版 留学生・日本で働く人のためのビジネスマナーとルール』
　　武田聡子　長崎清美 著　特定非営利活動法人日本語教育研究所 編
　　日本能率協会マネジメントセンター

企業文化、日本事情

『マンガで体験！にっぽんのカイシャ 〜ビジネス日本語を実践する〜』
　　日本漢字能力検定協会 編　日本漢字能力検定協会
『マンガで学ぶ日本語表現と日本文化−多辺田家が行く!!』
　　武田聡子 監修　創作集団にほんご 企画・編集　アルク
『改訂版 留学生・日本で働く人のためのビジネスマナーとルール』
　　武田聡子　長崎清美 著　特定非営利活動法人日本語教育研究所 編
　　日本能率協会マネジメントセンター

ケーススタディ

『日本人も外国人も ケース学習で学ぼう ビジネスコミュニケーション』
　　金孝卿　近藤彩　池田玲子 著　日経 HR
『外国人のためのケーススタディで学ぶビジネス日本語 中級』
　　千駄ヶ谷日本語教育研究所 著　スリーエーネットワーク
『ビジネスコミュニケーションのためのケース学習 職場のダイバーシティで学び合う【教材編】』
　　近藤彩　金孝卿　ムグダヤルディー　福永由佳　池田玲子 著 ココ出版

NPO 法人日本語教育研究所　ビジネス日本語関連教材リスト
https://www.npo-nikken.com/businessnihongo.html

■索引

著者紹介

Koyama Akiko

✧ 小山暁子　こやまあきこ

人生の選択の基準は好奇心。銀行員、店舗経営、英会話サロン運営、役員秘書と携わってきた仕事は人に関わるサービス業。街で見かけた日本語教師養成コースの看板に惹かれ受講。日本語学校や専門学校で非常勤、専任教師として働く。日本語教育能力検定試験に合格後、自由な働き方を求め独立。以来、国内外のビジネスパーソンや企業をクライアントにフリーランスとして日本語教育を提供。2014年より日本語教師のための「サタラボ」を主宰、100回を超えて対面・オンラインで勉強会を開催。

Takeda Satoko

✧ 武田聡子　たけださとこ

日本語学校、高等教育、地域ボランティア教室、教師養成、教材作成など大学院を卒業後、現在に至るまで猪突猛進で、日本語教育（英語教育も少々）に従事。現在、複数の大学で兼任講師をする傍ら、NPO法人日本語教育研究所の副理事長兼主任研究員として、さまざまな日本語研修のコーディネーターを務めている。コーディネーターの業務として講師選定、学習者とのマッチング、コースデザイン、カリキュラム、シラバスを作成し、自らもプライベート、グループなど授業を担当している。

Nagasaki Kiyomi

✧ 長崎清美　ながさききよみ

鉄鋼メーカー会社員を経て、日本語教師に転職。社会人学生として大学で学び直しをしながら、好奇心の赴くまま、地域の教室、日本語学校、海外での日本語教育（青年海外協力隊でケニアへ）、教師養成、外国人児童向け教材開発などに携わる。現在は、NPO法人日本語教育研究所 理事・研究員、大学非常勤講師として、企業における日本語研修のコーディネート、留学生の就職活動のサポートを中心に活動中。近年は後進の育成を目指し、ビジネス日本語教師養成に力を入れている。

特定非営利活動法人　日本語教育研究所

2003年設立。日本語教育の発展、国際社会の日本語・日本語文化への理解促進に寄与する活動を行い、数多くの企業向け日本語研修などを手掛けるとともに、外国人を受け入れる企業向けの研修にも取り組む。

ビジネス日本語 教え方&働き方ガイド

発 行 日　2023年8月30日（初版）
　　　　　2024年3月15日（第2刷）

著 　 　 者　小山暁子、武田聡子、長崎清美

編 　 　 集　株式会社アルク日本語編集部、株式会社エンガワ
制 作 協 力　特定非営利活動法人 日本語教育研究所
校 　 　 正　岡田英夫
デ ザ イ ン　早坂美香（SHURIKEN Graphic）
イ ラ ス ト　ふるやますみ
Ｄ 　 Ｔ 　 Ｐ　株式会社創樹
印刷・製本　萩原印刷株式会社

発 行 者　天野智之
発 行 所　株式会社アルク
　　　　　〒102-0073　東京都千代田区九段北4-2-6　市ヶ谷ビル
　　　　　Website：https://www.alc.co.jp/

地球人ネットワークを創る

アルクのシンボル
「地球人マーク」です。

Printed in Japan.
PC: 7023033
ISBN: 978-4-7574-4038-8